教育部人文社会科学研究基金项目（16YJA630032）资助

U0663138

刘长平　周炜昱　著

TANJIANPAI JIZHI XIA
ZAIZHIZAO QIYE SHENGCHAN JUECE YANJIU:
CAIWU SHIJIAO

碳减排机制下
再制造企业生产决策研究：
财务视角

中国财经出版传媒集团
经济科学出版社
Economic Science Press

图书在版编目（CIP）数据

碳减排机制下再制造企业生产决策研究：财务视角/
刘长平，周炜昱著．—北京：经济科学出版社，
2020.11（2022.2 重印）
ISBN 978－7－5218－1678－5

Ⅰ．①碳…　Ⅱ．①刘…　②周…　Ⅲ．①二氧化碳-
减量化-排气-影响-企业管理-财务管理-研究
Ⅳ．①F275

中国版本图书馆 CIP 数据核字（2020）第 113828 号

责任编辑：王柳松
责任校对：郑淑艳
责任印制：李　鹏　范　艳

碳减排机制下再制造企业生产决策研究：财务视角

刘长平　周炜昱　著

经济科学出版社出版、发行　新华书店经销

社址：北京市海淀区阜成路甲 28 号　邮编：100142

总编部电话：010-88191217　发行部电话：010-88191522

网址：www. esp. com. cn

电子邮箱：esp@ esp. com. cn

天猫网店：经济科学出版社旗舰店

网址：http://jjkxcbs. tmall. com

北京季蜂印刷有限公司印装

710×1000　16 开　13 印张　200000 字数

2020 年 11 月第 1 版　2022 年 2 月第 2 次印刷

ISBN 978－7－5218－1678－5　定价：58.00 元

（图书出现印装问题，本社负责调换。电话：010－88191510）

（版权所有　侵权必究　打击盗版　举报热线：010－88191661

QQ：2242791300　营销中心电话：010－88191537

电子邮箱：dbts@esp. com. cn）

前　言

　　本书以再制造企业为研究对象，在综合考虑碳排放因素和财务因素的情形下，探讨再制造企业的生产决策优化问题。研究视角不仅考虑环保要求，同时将财务因素考虑进去，使企业在创造更大经济效益的同时，也实现了良好的社会效益。本书所构建的生产决策模型和研究结果可以为再制造企业的生产运作提供理论依据，其优化结果及结论对于提高再制造企业的资源利用率、实现再制造企业生产运营的有效管理，具有一定的理论价值和应用价值。

本书受到教育部人文社会科学研究基金项目（16YJA630032）：碳排放约束下考虑财务因素的再制造企业生产决策建模及智能优化研究；江苏高校人文社会科学校外研究基地建设项目（2017-ZSJD022）；江苏高校哲学社会科学优秀创新团队建设项目（2017-ZSTD018）；江苏高校哲学社会科学重点建设基地项目（2018ZDJDB013）；江苏省智能工厂工程研究中心开放基金课题（JSSFER2019A4）资助，在此表示感谢！同时，也感谢经济科学出版社王柳松编辑在此书出版过程中给予的指导和帮助，以及本书中所引用和参考的文献的作者对本书的贡献。

　　由于时间和笔者能力所限，同时研究领域涉及多个学科，书中难免存在不妥之处，恳请读者批评指正！

刘长平　周炜昱

2020 年 6 月 3 日

目　录

第1章 绪 论

1.1 研究背景

自18世纪工业革命以来，由于经济高速发展伴随着大量燃烧煤、石油、天然气等化石能源消耗，造成大气中温室气体浓度大幅升高；由于对森林植被的砍伐侵占，大量农田、湿地变成城市用地和工业用地，减少了将温室气体转化为有机物的条件；由于降水量减少、地表水域缩小，降低了吸收溶解温室气体的条件；温室气体生成、转化的动态平衡遭到破坏，大气中的温室气体逐年增加，气候变暖对人类社会生产、生活各个方面产生了较大影响。有资料显示，洪水、干旱更加严重；龙卷风、飓风等灾害性天气发生更加频繁且强度更大。为了减缓全球气候变暖的进程，已生效的国际公约——《京都议定书》针对每个国家（地区）设定排放限额。[①] 中国政府于2009年11月首次对国际社会承诺，到2020年中国碳排放强度比2005年下降40%~45%；[②] "十三五"规划中也明确提出，创新、协调、绿色、开放和共享发展的新理念，碳排放作为约束性指标也纳入国民经济和社会发展的中长期规划中。[③]

---

① 中国气象报社. 京都议定书 [EB/OL]. http://www.cma.gov.cn/2011xzt/2015zt/20151127/2015112709/201511/t20151127_298411.html.

② 中华人民共和国国家发展和改革委员会. 国家应对气候变化规划（2014~2020年）[EB/OL]. http://www.scio.gov.cn/xwfbh/xwbfbh/wqfbh/2015/20151119/xgzc33810/document/1455885/1455885_1.htm.

③ 中华人民共和国国家发展和改革委员会. "十三五"年度报告. http://www.china.com.cn/guoqing/shisanwu/#page8.

在《京都议定书》设定的减排目标下，各国（地区）最终必须将国家（地区）宏观层面的减排目标分解落实到企业的生产运作微观层面。"中国制造2025"提出，要全面推行绿色制造，大力发展再制造产业，实施高端制造、智能制造、在役再制造，推进产品认定，促进再制造产业持续、健康发展。① 因此，排放依赖型企业的生产决策将受到重大影响。在全球低碳发展的大环境下，作为碳排放主要源头的生产制造企业开始对自身的生产理念、生产流程以及生产设备进行调整，再制造方式逐渐受到了企业界和学术界的重视。

再制造在实现资源优化利用的同时，又有利于实现环境保护和经济持续发展的综合目标。因此，再制造既是实现可持续发展的有效途径之一，又是生产制造企业实行经营低碳转型的重要方式之一。然而，长期以来，无论是生产运作管理理论探讨还是在管理实践中，在进行再制造生产决策研究时，人们往往只重视生产运作层面的问题，忽略了财务因素对企业生产运作的影响。这使得在生产运作过程中物流与资金流不匹配的问题非常突出，由此影响了企业生产运作管理的整体效率。现在，一些生产制造企业已经意识到财务因素对再制造过程的影响，并且对生产活动和财务活动进行了整合。

1.2 研究现状

已有不少学者对碳排放约束下，制造业企业生产决策优化问题和再制造业企业生产决策优化问题进行了研究，并取得了相应成果。但综合考虑碳减排因素和财务因素的再制造企业生产决策优化问题的研究还较少，下面，对这两方面的研究现状进行总结。

---

① 国务院. 中国制造2025 ［EB/OL］. http：//www. gov. cn/zhengce/content/2015 – 05/19/content_9784. htm.

1.2.1　考虑碳排放因素的制造（再制造）企业生产决策相关研究

根据文献检索，上述研究主要集中在考虑碳排放因素下供应链运作管理和制造/再制造企业生产决策两个方面。关于考虑碳排放因素下供应链运作管理与设计方面，外文文献相对较多。主要成果有阿马尔·拉穆丁（Amar Ramudhin，2010）针对可持续供应链提出的一个碳市场敏感的战略规划模型，指出内外部控制机制对决策者设计可持续供应链具有重要的影响。帕科颂（Paksoy，2011）在权衡经济效益指标和环境效益指标的基础上，对闭环供应链进行了研究，发现环境影响成本的指标并没有运营方面的指标明显。沙阿班等（Chaabane et al.，2012）运用生命周期评估法扩展了阿马尔·拉穆丁（2010）中的战略规划模型，发现有效的碳管理策略将有助于决策者实现符合成本效益模式的可持续性目标。赛义夫·本贾法尔等（Saif Benjaafar et al.，2013）将碳排放因素纳入供应链系统中，建立了单一企业在强制碳排放配额、碳税、碳限额交易等多种情景下的运营决策模型，以及多个企业面临碳限额约束时的决策模型。张琦和李文惠等（2014）综合再制造集成物流网络的经济效益和环境效益，构建了碳交易市场背景下的混合整数线性规划模型，论证了碳交易政策对企业再制造物流网络构建具有显著的影响。扎克里等（Zakeri et al.，2015）研究了碳交易政策和碳税政策对供应链中企业管理水平绩效的影响，结果表明，碳交易政策能够促使企业在碳排放量、成本方面有更高的绩效，而碳税政策对供应链绩效水平的影响则依赖于不确定的市场条件。

关于考虑制造（再制造）企业生产决策方面，中文文献相对较多。主要成果有，杜少甫和梁樑等（2009）研究了排放限额与交易机制对确定性需求市场下的企业最优生产运作的影响，即净化水平在确定情形下和可控情形下，企业的最优产量、净化量和净化水平的最优组合。张靖江（2010）将确定性需求下单排放生产、单周期生产的排放依赖型企业，扩展至随机需求下单次净化情形下和多次净化情形下的供应商和制造商组成的两级供应链下企业的生产优化问题，进一步扩展了杜少甫和梁樑（2009）的研究。上述文献都只考虑了单一碳排放约束政策对企业最优生产决策的影响。阳成虎和刘海波等（2012）在考虑废旧产品质量和用户心理回收价格等因素下，建立了无约束混合整数规划的单周期回收模型，得到包括回收价格、回收数量和再制造成本阈值的最优回收策略。常香云和朱慧赟（2012，2014，2015）综合考虑成本因素和碳排放因素，分析了无碳排放约束、碳限额、碳税、碳补贴及碳权交易等不同情景下企业再制造技术选择行为和生产决策的异同，结果表明，上述不同情形均会不同程度地影响企业再制造技术的选择行为和生产决策。申成然和熊中楷（2014）研究了碳排放约束下，在强制减排政策和碳权交易政策下的制造/再制造决策问题，比较了两类减排政策下制造商最优决策的差异。周颖和韩立华（2015）分析了碳限额、碳交易、碳税等政策参数对企业决策的影响。任杰等（2016）研究了碳限额交易机制和产能约束下制造商的生产决策问题，认为只有在产能约束下碳排放量超过阈值且碳排放对环境的损坏系数较大时，才应实施碳限额交易政策。张焕勇等（2018）从碳限额与交易机制角度，建立了具有三种产品生产能力的寡头垄断制造商的生产决策模型。其研究结果表明，制造商在不同单位再制造产品节约的碳排放临界值范围内，为了得到最大利润会选择生产不同的产品组合。许民利等（2018）对支付意愿差异、不同专利制度下碳配额交易政策及再制造商风险规避对于再制造生产决策的影响进行了研究。

1.2.2　考虑财务因素的生产运营决策相关研究

考虑财务因素对生产运营决策影响的研究主要从两个角度展开：一种是从宏观角度，研究碳信息披露对企业生产运营绩效的影响；另一种是从微观角度，将财务因素作为参数或约束，研究其对供应链或企业生产运营决策的影响。关于宏观方面的研究，主要成果有，理查森和韦克尔（Richardson and Welker，2001）研究发现，环境信息披露能产生对权益资本正向影响的经济后果。何玉和唐清亮（2014）在研究2009～2010

年参与碳信息披露项目的标准普尔 500 企业数据中发现，资本成本与碳信息披露负相关，对于碳业绩好的企业，这个负相关关系更弱。企业通过披露碳信息，可以减轻合法性压力，降低资本成本。李永庆等（2014）通过对 2006～2010 年澳大利亚上市公司数据的研究，发现碳排放强度与债务资本成本存在显著的正相关关系，而与权益资本成本的相关性偏弱。刘鸣（2016）从财务分析的角度阐述了再制造企业如何进行成本核算，提升财务管理水平的问题。张晶（2017）通过实证研究发现，对于碳排放企业来说，企业的碳信息披露和碳绩效对于促进当期财务绩效的提高是不同的。李秀玉和史亚雅（2017）通过对碳信息文献的综述，分别从碳信息披露的框架和内容、碳信息披露的质量评价方法以及碳信息披露的作用机制三方面进行梳理，对碳信息披露研究方向进行了展望并提出了建议。杨璐等（2017）基于上市公司内外部治理特征，分别从全行业角度、分行业角度研究了影响碳信息披露的因素，认为相同的影响因素对不同行业的影响效果不同。

目前关于微观方面的研究还比较少，主要成果有，陈伟达等（2017）以制造/再制造混合系统为研究对象，通过对初始资金不足进行融资和不进行融资两种情形下生产决策的比较，分析了在单一碳税政策下资金存在约束时企业的生产决策。王永健等（2017）研究了再制造企业面临资金约束时的生产和融资综合决策及其相关影响，分析了存在资金约束且有融资服务时再制造企业的生产决策和融资决策，探讨了融资年利率对再制造企业生产决策和融资决策的影响，并给出了再制造企业选择融资时融资利率需要满足的条件。陈伟达和李雅光等（2017）在考虑资金时间价值的情形下，构建了再制造企业生产率和市场需求不确定情况下的生产决策模型，通过两阶段随机过程分析得到回收品最优采购量和最大利润。另外，分析了市场需求、应收账款回收期对利润的影响。

此外，还有不少文献研究了碳税等碳减排因素对宏观经济产生的影响。如，罗纳德·温纳（Ronald Wendner，2001）在动态可计算一般均衡模型框架下，研究了碳税对奥地利经济的影响。结果表明，碳减排与养老保险筹资是相互兼容而不是相互冲突的政策目标，可以通过碳税收入分配方案减少碳税对经济的负面影响。威普克·威塞马和罗布·德尔林克（Wiepke Wissema and Rob Dellink，2007）分析了包括碳税在内的能源税对爱尔兰社会及环境的影响，指出碳税相对于其他能源税能够产生更好的减排效果，从而促进社会向低碳经济模式转变。安东·奥尔洛夫和哈拉尔德·格雷斯等（Anton Orlov and Harald Grethe et al.，2013）构建了多部门静态可计算一般均衡模型，分析了俄罗斯碳税的发生率和税收的相互作用，研究结果表明，用碳税代替劳动税，既能够增加社会福利，还能够减少碳排放，降低环境税改革的成本。卡罗琳·罗格（Karoline Rogge，2016）根据《巴黎气候协议》呼吁在21世纪下半叶实现经济脱碳，认为全球碳定价是推动脱碳的关键因素，需要彻底改变经济方向，激发组织创新，加速技术变革，朝着低碳特别是零碳的方向发展。这部分内容和本书研究范畴关联度较小，这里不再展开论述。

综上所述，目前对碳减排因素下制造企业、再制造企业生产决策优化问题的研究比较成熟，研究视角也比较全面，取得了丰富成果；而从财务视角出发，综合考虑碳减排因素和财务因素的再制造企业生产决策问题的研究还较少，现有研究更多的是从宏观视角考察碳信息披露对企业运营绩效的影响。

1.3　研究方法

1.3.1　企业调研与案例分析相结合的方法

选择若干家典型再制造企业进行实地调研，以深入了解再制造企业的生产流程、产品回收处理流程、决策流程等，获取有关再制造生产运作环节的第一手数据。同时，将调研企业生产运作情况作为实际案例与网络收集的相关案例进行对比分析，归纳总结多个案例的异同点，为下一步研究奠定基础。

1.3.2 理论推演与逻辑归纳相结合的方法

在现有再制造企业生产决策研究成果的基础上，通过理论推演法分别研究碳排放因素和财务因素对再制造企业生产决策的影响，构建相应的再制造企业生产决策模型；通过逻辑归纳法提炼出再制造过程的一般特征，同时，对两方面因素加以考虑，研究综合考虑两种因素情形下的再制造企业生产决策问题。

1.3.3 仿真模拟与实例验证相结合的方法

在研究过程中，通过构建相应的生产决策模型来刻画碳排放因素和财务因素对再制造企业生产决策各方面的影响，需要通过仿真模拟和实例来验证模型构建的正确性。

第2章 相关概念及理论基础

2.1 再制造及相关理论

2.1.1 再制造内涵

自 20 世纪起，随着全球环境污染和资源紧缺、能源紧缺等问题的日益突出，1991 年联合国工业发展组织（United Nations Industrial Development Organization，UNIDO）确定了"生态可持续性工业发展"的概念，提倡发展一种对环境无害或生态系统可以长期承受的工业运行模式。[①] 符合可持续、绿色和低碳经济发展战略的再制造生产技术被提出，西方主要制造业大国对再制造提出了不同概念。如美国从 20 世纪 70 年代提出了再制造概念，到 80 年代中期从技术、规范上将再制造定义为，将废旧产品拆卸、通过再制造技术修复损坏的零部件，使其性能和寿命周期能达到甚至高于原零部件的性能与寿命；并在展望 2020 年制造业前景时，提出了再制造及无废弃物制造的新理念。[②] 德国再制造工程中心认为，再制造是将废旧产品制成"如新品性能一样好"的再循环过程。[③] 英国在一项

---

① National research council（U. S. ）. Board on manufacturing and engineering design. Committee on visionary manufacturing challenges. Visionary manufacturing challenges for 2020 ［M］. Washington, DC：National Academy Press，1998.

② Commission on Engineering and Technical Systems National Research Council. The US department of energy office of industrial technologies remanufacturing vision statement ［M］. Washington, DC：National Academy Press，1996.

③ ［德］罗尔夫·施泰因希尔佩. 再制造——再循环的最佳形式 ［M］. 北京：国防工业出版社，2006.

标准中将再制造定义为，将使用过的产品至少恢复至原有性能，并确保其性能不低于新制造产品。[①]

1999 年 6 月，作为再制造领域专家的徐滨士院士在我国西安市召开的"先进制造技术"国际会议上，首次提出了"再制造"的概念，并发出了开展再制造工程研究、应用，支持循环经济发展的倡议。[②] 他指出，再制造是以产品全寿命周期理论为指导，以优质、高效、节能、节材、绿色、环保为标准，以采用先进技术和产业化生产为手段，以修复、改造废旧设备及提升产品性能为目的的一系列技术措施或工程活动的总称。[③] 通过再制造生产可以循环利用设备及零部件，节约资源并减轻环境污染。[④] 理解再制造内涵，需要从以下四个方面加以认知。

第一，不能将再制造等同于制造产品的维修、翻新。一是制造产品维修的对象多为仍要继续使用但有故障的产品，通常维修后的产品在质量和性能上达不到原有产品的水准；再制造的对象是大量回收的报废产品，利用高新科学技术进行批量化、规范化修复，修复后的产品在质量、性能、技术含量等方面能够达到或者超越原有产品水平。二是翻新的产品只是原有产品的"二手货"，其本质仍是旧产品，未进行任何质量、性能等的提升；再制造则是借助专用设备、采用特殊工艺、融入高科技及创新技术的生产过程，再制造产品即为新产品，其质量、性能、技术含量等同于甚至优于同类产品，与新产品生产相比，可以节约成本 50%、节能 60%、节材 70% 以上。[⑤] 因此，再制造是顺应绿色、循环、经济、

① 李洪瑞. LA 公司矿山移动设备再制造中心发展战略研究［D］. 北京：首都经济贸易大学，2016.

② Xu B. S., Zhang W. and Liu S. C. Remanufacturing technology in 21st Century［C］. Proceedings of the 15th European Maintenance Conference, 2000：335 – 339.

③ 徐滨士，张伟，马世宁，等. 面向 21 世纪的绿色再制造［J］. 中国表面工程，1999（4）：1 – 4.

④ 徐滨士，张伟，马世宁，等. 再制造工程——绿色系统工程［J］. 中国设备管理，2000（1）：50 – 52.

⑤ 中国循环经济协会. 一文看懂"再制造"产业［J］. 表面工程与再制造，2018，18（1）：15 – 18.

低碳发展理论的生产活动。

第二，再制造与制造本质相同，即生成满足人们生产需要或生活需要的产品的过程。此外，再制造的废旧产品的毛坯获取、合格零件加工及产品装配过程，同时具备制造的本质特征，具有工程的完整性、复制性和可操作性。因此，再制造从属于制造，是绿色制造和先进制造的重要组成部分。

第三，再制造是制造发展的必然产物。党的十九大报告指出，中国特色社会主义进入新时代，我国社会主要矛盾表现为人民日益增长的美好生活需要和不平衡不充分的发展之间的矛盾。① 人们不断追求物质极大丰富的属性，决定了人们会不断地研发新产品、大批量生产产品以满足日益增长的需求。资源的有限性和发展需求无限性之间的矛盾，必然会带来需求膨胀和资源耗费所产生的环境污染问题。绿色制造的方法，以不断研发先进制造技术和减少资源消耗及环境污染为目标，对制造全过程进行优化协调。创新型的再制造过程，以资源投入的最少化，实现废旧产品的变废为宝，重新生成能够满足人类生产、生活需要的产品。因此，再制造是制造业发展到一定阶段的必然产物。

第四，再制造符合"中国制造2025"的发展要求。"中国制造2025"提出，要由低成本竞争优势向质量效益竞争优势转变，由资源消耗大、污染物排放多的粗放制造向绿色制造转变，由生产型制造向服务型制造转变。② 一是再制造利用废旧产品循环再生产，一方面，减少了废旧产品本身的环境污染；另一方面，由于资源消耗少，又降低了产品生产过程的污染排放，是典型的绿色制造模式。二是在保证与新品性能、品质相当的情况下，再制造通过高新技术的应用，产生可观的资源效益、环境效益和经济效益，具备市场竞争优势。三是再制造不仅促进再制造商创

---

① 新华网. 中国特色社会主义进入新时代是我国发展新的历史方位 ［EB/OL］. http：//www. xinhuanet. com//politics/19cpcnc/2017 – 10/18/c_1121819978. htm.

② 周济. 智能制造——"中国制造2025"的主攻方向 ［J］. 中国机械工程，2015，26（17）：2273 – 2284.

造、提供再制造备件，而且可创新提供定制化的服务制造。因此，再制造契合了"中国制造 2025"发展战略，必将是推进中国向制造强国发展的重要途径。

2.1.2　再制造与制造的差异

制造产业是将原材料生产加工成为产品的一种生产活动的统称；再制造产业则是指，在原有产业的基础上，利用新的技术手段、新的工艺方法等，将废旧产品进行修复和改造的一种产业。再制造产业是以产品全寿命周期理论为指导，以实现废旧产品性能提升为目标的一种产业。

目前，通常意义上的再制造产业一般是指工业。在我国，工业仍是居主导地位的产业。在工业生产中会产生大量的废旧物资，这是对资源的污染及浪费。再制造以高级的生产方式，通过降低二氧化碳排放，减少对环境的污染，获取碳减排带来的效益，形成低碳经济的发展路径。因此，国家鼓励再生产、再制造，通过合理利用资源，促进绿色经济、循环经济的发展。

作为产品回收处理的高级形式，制造企业在进行再制造生产时具有显著的经济效益、社会效益和碳减排效益。因此，再制造具有以下四个明显不同于传统制造的特征。

2.1.2.1　生产模式及生产流程不尽相同

再制造作为制造的重要内容，在生产成品的目标与主要实施流程方面大致相同。但从具体实施生产成品的模式和流程工艺的角度来说，一般传统的制造业生产模式并不能涵盖或适用于再制造的生产模式。再制造考虑了产品的全寿命周期，与传统制造系统相比，最主要的差别在于生产系统的输入不尽相同：再制造系统除了包括本代产品即新购零部件的生命周期，还包括以回收的废旧产品中可继续使用或修复再用的零部件作为原材料，即本代产品废弃后的部分资源在后代产品上的循环使用，体现了产品的多生命周期。[①]

根据《机械产品再制造通用技术要求》（GB/T 28618—2012）国家标准，机械产品再制造流程，如图 2 - 1 所示。

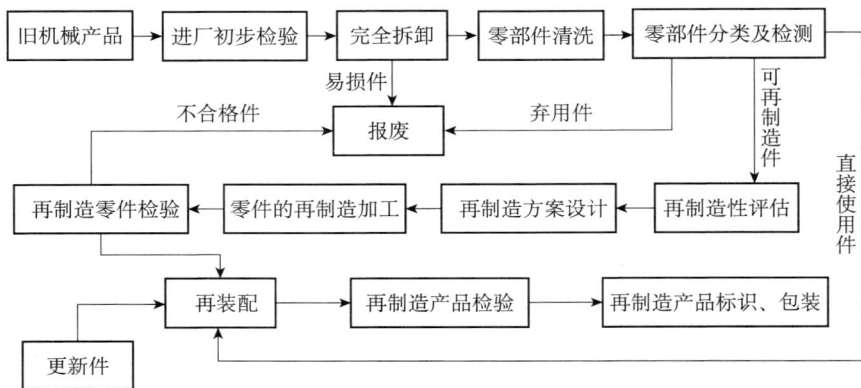

图 2 - 1　机械产品再制造流程

资料来源：根据《机械产品再制造通用技术要求》（GB/T 28618—2012）的相关内容整理绘制。

传统的制造过程，一般包括产品的设计、制造，以及产品使用、维修与退役的全寿命周期。制造过程生产的产品，通过设计、制造、使用过程后，经报废过程实现资源的绝大部分消失，形成了一个开环的产品寿命周期过程。再制造是制造的补充完善。再制造过程中可以实现对废旧产品大部分零部件的最大程度重新循环利用，并注入材料、能源和劳动力等资源。再制造将传统的单寿命周期开环使用过程，转变为大部分资源的多寿命周期闭环使用，延伸了产品的制造过程，拓展了产品制造过程的全寿命周期，形成了产品的多寿命周期循环使用过程，达到了制造效益的最大化可持续发展，是对传统制造链条的补充完善。

2.1.2.2　生产使用毛坯材料的品质不同

在传统制造过程中，产品生产需要的毛坯等零部件材料，通常是经

[①]　范体军，陈荣秋. 绿色再制造运作模式分析［J］. 管理学报，2005，2（5）：564.

过锻压、铸造、焊接等生产工艺形成的、性能相对稳定的材料，并且各种材料的供应渠道、供应方式清晰稳定，材料品质、质量通用可靠，易于从市场取得，便于生产规模化、大批量的符合要求的产品。

再制造产品生产过程中使用的毛坯等零部件材料，一方面，包括已经使用、消耗后，完成或基本完成其经济服役期，达到其经济使用寿命末期的废旧产品或零部件；另一方面，也包括由于产品过时，尚未达到其经济使用寿命期限，被淘汰的老旧产品或零部件。由于再制造使用的毛坯零部件材料使用期限不同、使用程度不同，获取的便捷程度不同。废旧产品或零部件材料品质具有不确定性，甚至用于再制造的同名毛坯材料状况也具有较大差异。因此，保证再制造生产的统一性和质量的稳定性具有一定难度。

2.1.2.3　生产组织方式不同

再制造企业与制造企业在生产组织方式上也有区别，如表 2 - 1 所示。

表 2 - 1　　　　　　　再制造企业与制造企业生产组织方式对比

对比内容	再制造	制造
组织生产的来源	回收的废旧产品	购买的产品
毛坯特点	数量不定、品质不定、时间不定	批量供应、品质及时间稳定
产品特点	具有个性化	可大批量生产
生产步骤	除传统制造过程外，另有拆解、清洗、检测、失效件修复等步骤	传统制造过程：加工—装配

资料来源：笔者根据定义整理而得。

再制造的生产组织需要从分散于各地用户手中的废旧产品回收开始，废旧产品供应表现为数量不定、品质不定、时间不定等特点，相比于一般制造企业从其他企业处购买的可实现批量化供应的毛坯材料的时间和品质相对确定来说，再制造毛坯数量、品质及获取时间具有不确定性。此外，再制造生产步骤中的拆解、清洗、检测、失效件修复等环节，如对不同失效件修复技术方法的决策及实施管理等，都具有个性化，需要采用不同于传统制造刚性的生产组织方式。

2.1.2.4　技术工艺不同

传统制造过程中的产品生产技术大致为，合格零件的生产获取过程——对零件的逐级装配过程——产品的质量检测过程三方面主要内容，通常通过铸、锻、焊工艺或机械加工等制造技术来完成。在再制造生产中，西方国家的主要技术有尺寸修理法和换件修理法等，中国多采用以纳米表面工程技术、自动化表面工程技术以及复合表面工程技术等，结合以剩余寿命检测评估、零件失效修复技术以及自动化再制造形成技术等为主的生产技术工艺。再制造成型技术是再制造生产活动的技术核心，其发展趋势表现为"五化"，即智能化、复合化、专业化、微纳化和功能化。①

再制造除了与传统制造拥有类似的装配过程和生成产品的质量检测过程外，在合格零件的获取上明显不同于制造过程，因为再制造与传统制造生产使用的毛坯材料品质不同，所以，需要对再制造过程中的毛坯进行可使用寿命检测评估等特殊工艺进行生产技术的处理。并且，在再制造过程中，对废旧回收品的拆解、清洗、检测、组装等环节，也采用再制造所独具的技术工艺，使废旧产品或零部件性能和品质接近或达到新产品的性能和品质，适应市场需要。

2.1.3　再制造产业

当前，全球化的经济形势日益复杂，西方国家的众多企业为了寻找支撑新一轮经济的增长点，抢占下一轮产业发展的制高点，顺应绿色发展的理念，将推行低碳经济、发展新能源产业、实现"再工业化"作为其应对经济危机、调整经济发展战略的重要方式。比如，美国推行的"新能源计划"，其中一项重要内容就是对制造中心进行改造，实现"再工业化"，使之成为清洁技术的领先者。② 欧盟委员会制定的"欧洲 2020

---

① 徐滨士，董世运，朱胜，等. 再制造成型技术发展及展望 [J]. 机械工程学报，2012，48（15）：96 - 104.

② 郭基伟，李琼慧，周原冰.《2009 年美国清洁能源与安全法案》及对我国的启示 [J]. 能源技术经济，2010（1）：11 - 14.

战略——绿色经济"，指引了欧盟未来制造业的发展方向，提出加大节能减排、发展清洁能源机制、发展高新技术产业以及在教育和培训等方面的投入，加快用低碳技术改造传统产业，谋求欧洲在未来世界低碳经济发展模式中的领先地位和主导地位。[①] 日本出台了"未来能源开拓战略"计划，提出要建成世界第一的环保节能国家，并在太阳能发电、蓄电池、燃料电池、绿色家电等低碳技术相关产业市场上确保所占份额第一。[②] 新能源与传统产业的融合发展，以及"绿色经济"的大范围推广，会对传统产业的发展带来深远影响。国家之间、企业之间、产业链之间的旧的"游戏规则"有可能得到根本的重塑，当前的全球分工体系也可能出现根本性调整。[③]

近年来，出于循环经济和可持续发展的需要，我国对再制造产业日益重视。2008 年 8 月，第十一届全国人大常委会第四次会议审议通过了《中华人民共和国循环经济促进法》，并于 2009 年 1 月 1 日起施行，该法明确了发展循环经济是国家经济社会发展的一项重大战略，确立了减量化、再利用、资源化优先的原则，并作出了一系列制度安排。"中国制造 2025"提出，全面推进绿色制造的战略任务，要求大力发展再制造产业，实施高端再制造、智能再制造、在役再制造，推进产品认定，促进再制造产业持续、健康发展。[④]

2017 年政府工作报告提出，要大力发展节能环保产业，加快传统制造业绿色改造，健全再生资源回收利用网络，把节能环保产业培育成我国发展的一大支柱产业。[⑤] 以机电行业为例，随着经济的发展，机电产品

① 贾凤兰．欧洲 2020 战略 [J]．求是，2010 (10)：64.

② 郭楷模．日本公布第五期能源基本计划提出能源中长期发展战略 [EB/OL]．https：//www.sohu.com/a/271461296_468720.

③ 中国社会科学院工业经济研究所：当前工业经济运行分析与展望 [EB/OL]．http：//www.sohu.com/a/249553865_673573.

④ 梁玉．我国机电产品再制造现状与发展趋势 [J]．机电工程技术，2009，38 (3)：60 - 61，97.

⑤ 李克强．政府工作报告——2017 年 3 月 5 日在第十二届全国人民代表大会第五次会议上 [EB/OL]．http：//www.gov.cn/premier/2017 - 03/16/content_ 5177940.htm.

的保有量快速增长。根据中国工程机械工业协会的数据统计，截至 2017 年底，我国仅工程机械主要产品保有量约为 690 万 ~ 747 万台;[①] 与此同时，废旧机电产品数量也急剧增长，并且由于存在技术、市场偏好等因素，机电产品的更新换代周期也大大缩短。若对废旧的、淘汰的机电产品不进行适当处理，必将给环境造成不可估量的污染隐患和巨大的资源浪费。

缓解工业化和城镇化加速发展进程中经济发展与资源环境日益尖锐的矛盾，已经成为制约我国可持续发展的突出问题。作为制造业发展的自然延伸，再制造工程在汽车产业、工程机械、国防装备、农业机械、医疗设备、办公及家用设备等诸多领域发展潜力巨大，[②] 如表 2 - 2 所示。

表 2 - 2　　　　　　部分行业领域再制造产业发展的主要内容

行业领域	可用于再制造产业的主要零部件
汽车产业	发动机、变速器、转向器、发电机、启动电机、传动装置、机油泵、助力泵、水泵、离合器、轴承、齿轮等
工程机械	①矿采设备：挖掘机、盾构机、推土机、铲运机、平地机、摊铺机、重型矿用载重车等； ②石化设备：储油罐、高温高压反应容器、管道及套筒、燃气轮机、专用生产装置等； ③煤电设备：汽轮机缸盖、风机叶轮、井筒、柱塞、防爆罩等； ④纺织设备：捻机锭环、加捻器、摩擦盘、导线器、卷绕槽筒等； ⑤冶金设备：高炉渣口、风口、轧辊、热轧工具等； ⑥钻井设备：泵、柱塞轴等； ⑦机床设备：车床、磨床、铣床、刨床的变速箱、齿轮、轴承、电机、转子等； ⑧其他高附加值的大型成套设备及关键零部件等工业机电设备、流程工业关键动力装备等
国防装备	专用车辆、船舰、飞行器等可再利用的零部件、发动机、变速箱等
农用机械	拖拉机、收割机、插秧机、农机发动机、电机等
医疗设备	核磁共振机、CT 机等医疗影像设备等
办公及家用设备	通用型复印机、打印机等电子信息产品整机及关键零部件、办公信息设备等，以及空调、冰箱、通信设备零部件等

资料来源：根据张伟，徐滨士，张纾，等. 再制造研究应用现状及发展策略 [J]. 装甲兵工程学院学报，2009，23（5）：1 - 5，47. 整理而得。

---

① 中国工程机械工业协会. 2017 年中国工程机械主要设备保有量 [EB/OL]. http://www.chinamae.com/shownews_120640_17.html.

② 张伟，徐滨士，张纾，等. 再制造研究应用现状及发展策略 [J]. 装甲兵工程学院学报，2009，23（5）：1 - 5，47.

为了缓解资源有限性与耗费无限性的矛盾，减少人为环境污染，"发展循环经济，建设节约型社会"的战略决策适时提出。再制造产业在众多领域具有非常广阔的发展应用空间。再制造生产通过其核心技术，综合利用各种信息，最大限度地开发并拓展废旧资源价值，既能够缓解资源与使用的矛盾，也能够为循环经济发展、资源节约及环境友好型社会建设做出贡献。

2.2　碳减排与碳财务相关理论

2.2.1　碳减排

2.2.1.1　碳税

为减少化石燃料中含碳量消耗和二氧化碳排放，政府设置碳税。基于庇古理论，碳税是以保护环境为征收目的，针对二氧化碳排放所征收的税。通过对燃煤和汽油、航空燃油、天然气等化石燃料产品，按其碳含量或二氧化碳排放量的比例进行征税，以实现减少化石燃料消耗和二氧化碳排放的目的。

碳税作为碳减排的一种手段，通过直接对二氧化碳排放征税，增加了排碳企业的碳排放成本，可以促使排碳企业根据碳税税率采用低碳技术和更加环保的设备等，从而促进清洁能源的开发和利用，达到控制碳排放总量的目标。和其他碳减排手段相比，碳税执行成本低且可操作性较强，碳税通常在化石燃料进入经济循环的开始环节进行征收，因而只需要对很少的一些经济体征收碳税即可覆盖所有的化石燃料消费，其影响范围可波及整个社会。[①] 实施碳税政策的最大难点在于如何确定合适税率，以及无法准确预测政策实施后的减排效果。同时，碳税会增加企业

---

① 　朱慧赟. 碳排放政策下企业制造/再制造生产决策研究［D］. 上海：华东理工大学，2013.

生产成本，对经济带来某些负面影响。

2.2.1.2 碳配额

碳配额是政府分配给企业可以进行碳排放的额度。碳排放交易体系的核心是如何分配额度，配额是一种可交易的许可证，由政府通过"拍卖分配"出售或"免费分配"发放。拍卖分配能够高效地发现市场化的碳价，快速地在碳排放交易市场体系中确定交易价格区间，为政策制定者提供价格管理，消除对消费者的不公平影响。免费分配包括基于历史排放水平的分配方式和基于经济产出的分配方式。由于免费分配的碳配额进入流通的方式不会改变碳配额供求关系，因此，免费分配虽然会导致碳价格的偏差，但不会削弱碳配额价格，碳配额价值的市场基本面不会改变。生产方即使获得了免费碳配额的补贴，他们仍可以将实施碳减排作为动机，通过市场交易出售他们不需要的额外碳配额，以获得碳配额的经济效益，达到低碳经济发展的目的。

此外，如美国加利福尼亚州开发的"委托拍卖"方法，是一种结合了拍卖和免费分配的混合方法，它是一项超越了纯粹拍卖或免费分配的更具创造性的解决方案，使得碳市场运行初期就采取了大量拍卖的方式，且在有效保护消费者利益的同时减少更多的碳排放量。[①] 操作执行中的委托拍卖方式主要由三个步骤组成：首先，政府将一定的碳配额免费发放给企业；其次，政府代表企业进行碳配额的拍卖；最后，政府将委托拍卖碳配额的收入按出售配额比重返还给企业。表 2-3、表 2-4 列出了部分国家（地区）采用的碳配额分配方法。

表 2-3　　　　　部分国家（地区）采用的碳配额分配方法

国家（地区）	历史排放法	基准法	拍卖法
欧盟	√	√	√
韩国	√	√	—

① 克里斯·布希，黑尔·哈维. 碳配额委托拍卖：一种在加州碳市场采用的结合免费分配和拍卖分配要素的混合配额分配方式 [EB/OL]. http://www.tanjiaoyi.com/article-24328-1.html.

续表

国家（地区）	历史排放法	基准法	拍卖法
澳大利亚	√	√	—
新西兰	√	√	—
美国加利福尼亚州	√	√	√
加拿大魁北克省	—	√	√

注：√表示采用了此种方法，—表示未采用此种方法。
资料来源：笔者整理而得。

表 2－4　　　　　中国部分省市采用的碳配额分配方法

省市	历史排放法	基准法	拍卖法
北京	√	√	—
上海	√	√	—
天津	√	√	—
重庆	√	√	—
广东	√	√	√
湖北	√	√	√

资料来源：笔者整理而得。"—"表示未采用此种分配方法。

2.2.1.3　碳排放权交易

碳排放权是企业获得的可以向大气中排放一定量温室气体的权利。碳排放权交易通常也称为碳交易，是针对碳排放权限的一种交易，是为了促进全球温室气体减排，减少全球二氧化碳排放、运用市场经济机制来促进环境保护所采用的重要机制。在这个交易体系下，允许企业在碳排放交易规定的排放总量不突破的前提下，可以用这些减少的碳排放量，使用或交易企业内部以及国内外的能源。目前，碳排放权交易有两种基本的交易机制，即基于配额的总量与交易机制和基于项目的基准与信用机制，两种交易机制如表 2－5 所示。

表 2－5　　　　　两种基本的碳排放权交易机制对比

内容	基于配额的总量与交易机制	基于项目的基准与信用机制
内涵	指有关部门将确定数目的碳排放权初步合理地分配给各个企业	指有关单位在期初时依照参与项目企业的现实情况为其划定各自的排放标准线
特点	企业年度的碳排放权不能超过其分配到的数目	期末由第三方机构对其真实的碳排放量进行测量

内容	基于配额的总量与交易机制	基于项目的基准与信用机制
目的	鼓励企业在一定程度上节能减排，引进、发展、利用新的减排技术，达到并实现绿色经济发展的目的	

资料来源：根据周文波，陈燕. 论我国碳排放权交易市场的现状、问题与对策［J］. 江西财经大学学报，2011（3）：12－17. 整理而得。

　　两种基本的碳排放交易机制也体现了碳排放权交易的优势效率，但这种交易也会面临一定的挑战：一方面，受行政政策、气候变化、能源供需价格等因素的影响，碳交易价格具有较大的波动性和不稳定性，预测和把握碳交易价格变动程度及趋势会有偏差；另一方面，碳排放总量是在一定条件下的估计值，企业在实际操作时，可能会因为交易政策设计不周全或企业管理体系、能力薄弱而造成负担，有悖碳排放交易优势效率的体现。尽管如此，碳排放权交易将碳排放权进行商品化，以市场为媒介，把量化的碳排放权赋以价值、予以价格化，将环境排放的空间外部特征进行了内化，可促进边际碳减排成本不同的企业通过交易实现低成本的碳减排。

　　自2014年以来，碳排放权交易在北京市、天津市、上海市、重庆市、湖北省、广东省、广东省深圳市等地试点，到2017年11月，7个试点地区累计配额成交量超过2亿吨二氧化碳当量，成交额约为46亿元人民币。① 从试点范围来看，碳排放总量和强度出现双降的趋势，碳市场起到了控制温室气体排放的作用。碳交易市场的发展和不断完善以及碳交易机制的日渐成熟，会促使越来越多的企业参与到碳排放权交易中。

2.2.2　碳财务

　　面临生态环境的逐渐恶化、资源的日趋紧张，以及政府严格的节约环保调控政策，企业正处在前所未有的生存及发展束缚框架内，依靠传

---

① 环境规划院. 环境经济政策年度报告2017［EB/OL］. http：//www. tanjiaoyi. com/article-24353-1. html.

统粗放型的生存模式已无发展前景，只有环保、节能、可持续性的低碳经济模式才是企业的唯一选择。低碳经济发展模式需要企业建立低碳发展战略，因此，企业财务战略也需要契合低碳发展的思想，考虑资源、环境、社会限制等约束，构建碳财务战略管理体系。①

2.2.2.1　碳资产管理

张彩平定义碳资产为"企业拥有或控制的，很可能带来未来经济利益的，与温室气体排放有关的各种有形或无形的碳资源"。② 鲁政委和汤维祺指出，具有明确市场价格的碳配额或碳信用催生了一种全新的资产类型，即碳资产。③ 碳资产管理的目的是实现碳资产的保值与增值。碳资产管理就是对企业进行碳监测、碳披露、碳减排、碳交易以及在低碳时代规避风险、抓住机遇、提高企业竞争力等。碳资产管理主要包括七个步骤：准备工作、摸底监测、设定目标、信息披露、评估改进、实施计划、碳交易。④

2.2.2.2　碳信息披露

碳信息披露是指，企业将其碳排放现状及相关碳行为、碳战略信息等对公众公布。碳信息披露，既是企业节能减排的义务，也是促进企业持续发展的机遇。

无论对于企业而言，还是对国家来说，碳信息披露都具有非常重要的意义。在企业层面，碳信息披露能够给企业带来内外两方面的影响：一方面，企业通过对自身碳信息进行核算，清楚地掌握自身碳排放情况，通过技术革新和碳管理，降低碳排放风险，促进企业的可持续发展；另一方面，在低碳、环保、绿色发展观的引领下，企业在生产经营过程中

① 鲁丽萍，石友蓉. 共生视角下企业碳财务战略体系的构建［J］. 财会月刊（上），2017（10）：20－24.
② 张彩平. 碳资产管理相关理论与实践问题研究［J］. 财务与金融，2015（3）：64－68.
③ 鲁政委，汤维祺. 碳资产管理：起源、模式与发展［J］. 金融市场研究，2016（12）：29－42.
④ 佚名. 什么是碳资产管理［J］. 能源与环境，2016（1）：104.

的碳排放及相关碳行为也逐渐受到投资者和消费者的关注。在国家层面，推行并规范碳信息披露能够引导企业响应政府碳减排政策，助力企业将碳减排压力转变为提升其企业低碳发展素质的动力，从而为更好地从政策角度探索高效的低碳导向政策提供科学依据。

2.2.2.3 碳会计

碳排放权作为一种资源在各国之间进行交易，由此发展了环境会计的一个重要分支——碳会计。碳会计是以能源环境法律、法规为依据，采用货币或实物为计量单位，并配以文字表达等形式，对企业履行低碳义务、节能降耗、污染物减排等进行会计确认、计量、记录和报告，以考核企业资源能耗的利用效率，披露企业低碳执行情况及社会效益的一门新兴会计科学。企业发展低碳经济，需要碳会计计量模式的匹配，以便更好地计量和反映碳排放权的资产价值。① 碳会计集合了会计、环境、生态、资源、运筹等多个领域的学科知识。碳会计的推进和发展需要企业既具备低碳发展观意识，又要重视并培养能够掌握资源环保、财会等方面跨学科领域的复合型人才。

2.2.2.4 碳足迹

碳足迹也被称为碳耗用量，是指由企业机构、活动、产品或个人引起的温室气体排放的集合，用于测量机构或个人因消耗能源而产生的二氧化碳排放对环境影响的指标。对于制造（再制造）企业供应链来说，温室气体排放渠道主要包括采购、生产、仓储及运输等各环节。由于政府、社会以及公众对低碳绿色制造品的关注、需求越来越多，促进越来越多的企业开始关注低碳制造，从产品源头的研发设计开始，努力减少并降低对制造产品全生命周期的温室效应气体排放。② 因此，作为直观的环保指标，碳足迹让企业能够评估对环境造成的影响，也能帮助了解其

---

① 李艳芳. 不同持有目的下碳会计计量模式的选择探析 [J]. 财务与金融，2019（4）：42 – 47.

② 张绪美. 基于生态足迹的绿色制造系统集成及运行研究 [D]. 武汉：武汉科技大学，2016.

在哪些地方排放了温室气体，这对于在未来减少排放极为重要，对制造企业理解和落实循环经济也提出了更高的实践标准。

2.2.3　再制造企业碳财务管理特点

再制造企业生产经营活动的复杂性，决定了企业管理必须包括多方面的内容，如生产管理、技术管理、劳动人事管理、设备管理、销售管理、财务管理等。各项工作是相互联系、紧密配合的，同时又有科学分工，具有各自的特点。低碳经济下强调绿色、环保、循环及可持续发展，因此，对再制造企业的碳财务管理而言，具有以下三个特点。

2.2.3.1　综合性强

再制造企业生产作业计划所涉及的各种物料流就是资金流，因此，碳财务是一种价值管理。通过价值形式，运用财务预测、决策、预算、控制、分析和考核等方法，对企业的一切物质条件（劳动对象和劳动资料）、经营过程（供、产、销）和经营成果（收入和利润等）进行综合规划和控制，从而达到不断提高经济效益的目的。因此，碳财务管理既是企业管理的一个独立方面，又是一项综合性的管理工作。

2.2.3.2　涉及面广

毋庸置疑，企业内部的每一个部门都或多或少地与资金有关联，因而都会和财务部门产生联系。为了提高再制造企业的经济效益，各部门在合理使用资金方面和节约资金方面都要受到财务部门的指导和约束。

2.2.3.3　灵敏度高

通过对财务指标的经常性计算、整理和分析，及时掌握再制造企业各方面的信息，了解再制造企业的生产经营情况，发现存在的问题。例如，再制造企业生产的产品质量优良，具有价格竞争优势，则可实现产销两旺，在财务上就表现为资金周转期缩短、盈利能力增强。

2.2.4　再制造企业碳财务信息的作用

建立现代企业制度，使得企业所有者（投资者或股东）与经营者之间形成了一种委托代理关系。信息的不对称性不可避免地会导致财产所有者与经营者之间出现利益冲突，因此，公司治理就是一种保证公司正常运行和健康发展的利益协调机制。一般地，公司治理包括企业内部治理与企业外部治理两方面。企业内部治理是直接通过企业内部的股东大会、董事会、经理层等公司内部的决策机构与执行机构的设置和权利安排以起到监督协调的作用。企业外部治理是企业出资人（债权人和股东）通过企业外部管理与控制体系对经营者进行控制，以维护出资者权益的治理机制，主要包括外部市场治理、外部政府治理和外部社会治理。

公司治理的内外部各方都是与企业有利害关系的群体，是企业的利益相关者。因此，在市场经济条件下，反映企业碳减排过程及结果的碳财务信息，对各利益相关者有不同作用。它可以帮助企业管理层更好地履行碳减排战略受托责任；帮助企业员工了解企业碳减排情况；帮助供应商和客户做出正确的与碳减排有关的交易决策；帮助投资者和潜在投资者做出合理的投资决策；帮助债权人做出稳健的信贷决策；帮助政府及职能机构进行碳宏观管理和决策；帮助社会中介服务组织机构客观、公正地评价企业碳行为等。

再制造企业遵循低碳经济发展，需要以低能源消耗，借助制度创新、技术创新、产业升级转型等手段，实现最大生产力。因此，碳财务信息以碳理念为引领，重视碳财务在产业循环中的融合，对企业碳财务战略具有重要意义。

首先，碳财务信息涵盖企业发展的各个环节。通过碳财务信息能够体现出企业发展目标，进而实现企业发展目标。

其次，充分、准确的碳财务信息是保证高质量碳财务分析的重要前提。碳财务信息对企业的各种活动进行综合和提炼，通过企业碳财务系统，将纷繁复杂的企业活动转化为碳财务数据，从而为企业各个利益相关者提供有用的碳信息。

最后，碳财务信息不仅局限于企业财务报告中，而且包括董事会报告等内部资料以及外部审计报告等，都可以为决策提供相关的碳信息。

2.3　本章小结

　　绿色科学发展观要求企业逐渐减少对高碳资源的依赖与消耗，作为低碳、绿色产业代表的再制造企业，先要建立生产运营的碳思维，才有可能在市场竞争中做出正确的生产决策。

　　本章总结了再制造的内涵，从生产模式及流程、生产原材料品质、生产组织方式、生产技术工艺四个方面对比、分析了再制造和传统制造的差异，阐述了国际和国内对发展再制造产业的理念和相关政策。重点对碳减排机制及碳财务相关理论进行了概括、总结，概述了碳税、碳配额、碳排放权交易的主要内容，并对碳财务体系、再制造企业碳财务管理特点、再制造企业碳财务信息的作用进行了分析，为后续章节中涉及的相关概念、理论打下基础。

第3章　再制造企业生产决策
模型统一框架

本章拟在再制造内涵的基础上，建立一个统一框架来描述各类再制造生产决策模型。通过对统一框架的研究，有利于理解各种模型的内在本质，也有利于各种模型的融合，从而更加高效地探讨不同情形下再制造企业的生产决策优化方案。

3.1　再制造企业生产决策模型统一框架

基于再制造企业的生产特点，再制造企业生产决策模型统一框架的数学化描述为：

$$\max/\min O_i = \max/\min f(N(\varepsilon_i), D(\gamma_i), C(\alpha_i), F(\beta_i), \cdots)(i = 1, 2, \cdots, n)$$

$$(3-1)$$

在式（3-1）中，O_i 表示再制造企业的生产决策目标，$N(\cdot)$ 表示再制造企业的性质，$D(\cdot)$ 表示再制造企业生产决策时需要考虑的市场因素，$C(\cdot)$ 表示再制造企业生产决策时需要考虑的碳排放政策因素，$F(\cdot)$ 表示再制造企业生产决策时需要考虑的财务因素。

再制造企业生产决策模型统一框架中各因子含义如下。

3.1.1　生产决策目标 O(·)

再制造企业生产决策目标的数学化描述为：

$$\max/\min O(o_1, o_2, \cdots, o_n)$$

$$(3-2)$$

在式（3 - 2）中，$O_i(i = 1, 2, \cdots, n)$ 表示决策目标可以是单一目标，也可以是多目标。如目标为获取最大利润，即 $O = \{\Pi\}$，则决策目标可表示为 $\max\Pi$；如目标为取得最小生产成本，即 $O = \{\Theta\}$，则决策目标可表示为 $\min\Theta$；如目标为获取最大化经济附加值，即 $O = \{EVA\}$，则决策目标可表示为 $\max EVA$。

3.1.2　再制造企业性质 N(·)

再制造企业性质因素的数学化描述为：

$$N(\varepsilon_1, \varepsilon_2) \qquad (3 - 3)$$

在式（3 - 3）中，当 $\varepsilon_1 = \{dep\}$ 时，表示再制造企业为独立再制造商，成品通过回收废旧产品和零部件来生产；当 $\varepsilon_2 = \{ind\}$ 时，表示再制造企业同时包含制造环节和再制造环节，成品通过原材料、回收废旧产品和零部件等多种途径来生产。

3.1.3　市场因素 D(·)

再制造企业生产决策时需要考虑市场因素的数学化描述为：

$$D(\gamma_1, \gamma_2, \cdots, \gamma_n) \qquad (3 - 4)$$

在式（3 - 4）中，假设再制造产品的市场需求为 D，当 $\gamma_1 = \{MR\}$ 时，表示需要考虑市场需求因素，当在一个生产周期内再制造产品产量大于市场需求，会产生存储费用；当在一个生产周期内再制造产品产量小于市场需求，会造成缺货损失。当 $\gamma_2 = \{HOM\}$ 时，表示需要考虑通过再制造技术生产的产品与全新产品是否同质，有无价格差异。…表示需要考虑的其他市场因素。

3.1.4　碳排放政策因素 C(·)

企业采取二氧化碳减排措施的强度受政府碳排放政策影响，碳减排措施主要有碳税、碳排放限额、碳排放权交易、政府补贴等。

碳排放政策因素的数学化描述为：

$$C(\alpha_1, \alpha_2, \alpha_3, \cdots, \alpha_n) \qquad (3-5)$$

在式（3-5）中，当 $\alpha_1 = \{CT\}$ 时，表示需要考虑征收碳税时的情况；当 $\alpha_2 = \{CEA\}$ 时，表示需要考虑碳排放限额因素；当 $\alpha_3 = \{CET\}$ 时，表示需要考虑的碳排放交易因素……表示需要考虑的其他碳减排因素。

3.1.5　财务因素 F(·)

再制造企业在生产经营过程中与其他企业一样，也会面临资金需求和财务风险，需要考虑各种财务因素来进行生产决策。

考虑财务因素的数学化描述为：

$$F(\beta_1, \beta_2, \beta_3, \beta_4, \cdots, \beta_n) \qquad (3-6)$$

在式（3-6）中，当 $\beta_1 = \{TVM\}$ 时，表示考虑资金时间价值因素，$\beta_2 = \{COS\}$ 表示考虑成本核算方式，$\beta_3 = \{CAP\}$ 表示考虑筹资因素，$\beta_4 = \{INV\}$ 表示考虑投资因素，…表示需要考虑的其他财务因素。

3.2　再制造企业生产决策模型
统一框架的实例化

再制造企业生产决策模型统一框架，基本上涵盖了目前对制造（再制造）企业生产决策的主要研究成果，以下通过具体实例来说明。

3.2.1　模型参数说明及假设

实例中用到的再制造企业生产决策模型所涉及的参数说明和假设如下：

Π 表示企业的生产总利润；

c_n、c_r 分别表示新品和再制造产品的单位制造成本，有 $c_n > c_r > 0$；

q_n、q_r 分别表示新品和再制造产品的生产数量；

p_n、p_r 分别表示新品和再制造产品的销售单价，有 $p_n > p_r$，且（$p_n -$ c_n）>（$p_r - c_r$）> 0；

D 表示产品市场潜在需求量，是服从某种概率分布的随机变量。D_n、D_r 分别表示新品和再制造产品的市场需求；

F（）表示随机变量服从的概率分布函数，F^{-1}（）表示概率分布函数的反函数；

h_n、s_n 分别表示新品的单位库存成本和新品单位缺货成本；

i_r、s_r 分别表示再制造产品的单位库存成本和单位缺货成本；

θ_n、θ_r 分别表示新品和再制造产品的残值，有 $0 < \theta_n < p_n$，$0 < \theta_r < p_r$；

e_n，e_r 分别表示新品和再制造产品的单位碳排放量，有 $e_n > e_r > 0$；

C_m 表示政府分配给企业的碳排放限额；

ρ 表示超过碳排放限额需要缴纳的单位超限额罚款，有 $\rho > 0$；

τ 表示单位碳排放量需要缴纳的税款；

α 表示再制造成功率；

c_w 表示回收零部件或再制造不合格品的单位废弃处理成本；

λ_b，λ_s 分别表示单位碳排放权的买入价和卖出价，有 $\lambda_b > \lambda_s$；

r_1，r_2 分别表示债权融资利率和股权融资利率；

t 表示企业应缴纳的所得税税率。

3.2.2　统一框架下的各类实例

（1）当 $O_1 = \{\Pi\}$、$\varepsilon_1 = \{dep\}$、$\varepsilon_2 = \{ind\}$、$\gamma_1 = \{MR\}$ 时，即再制造企业是独立再制造商或混合再制造商，决策目标是期望利润最大化，在不考虑碳排放约束和财务因素情形下的再制造生产决策模型可描述为 $\max O_1 = \max f(N(\varepsilon_1,\varepsilon_2), D(\gamma_1), C(\varnothing), F(\varnothing))$。

具体模型可表示为：

$$\max \Pi = \max\{p_r \min(q_r, D_r) - c_r q_r - i_r \max(q_r - D_r, 0) - s_r \max(D_r - q_r, 0)\}$$

关于无碳排放约束下对再制造企业生产决策的研究，主要是与有碳排放约束下再制造企业的生产决策进行对比。张靖江[①]、常香云和朱慧赟[②]、常香云、王艺璇和朱慧赟等[③]、申成然和熊中楷[④]、陈伟达和毕兴明[⑤]、杨鉴[⑥]、陈龙[⑦]、刘碧玉、陈伟达和杨海东[⑧]均进行了相关研究，不同之处在于个别条件或假设有差异，如有的文献不考虑缺货成本，有的文献考虑产品残值，有的文献考虑库存成本，有的文献将市场需求假设为服从某种分布的随机变量。

（2）当 $O_1 = \{\Pi\}$，$\varepsilon_2 = \{ind\}$，$\gamma_1 = \{MR\}$，$\gamma_2 = \{HOM\}$，$\alpha_1 = \{CT\}$ 时，即企业是混合再制造商，决策目标是基于期望利润最大化，在考虑征收碳税情形下的再制造企业生产决策模型为：$\max O_1 = f(N(\varepsilon_2), D(\gamma_1, \gamma_2), C(\alpha_1), F(\varnothing))$。

具体模型可表示为：

$$\max \Pi = \max\{p_n \min(q_n, D_n) - c_n q_n - \tau e_n q_n - i_n \max(q_n - D_n, 0)$$
$$- s_n \max(D_n - q_n, 0) + p_r \min(q_r, D_r) - c_r q_r$$
$$- i_r \max(q_r - D_r, 0) - s_r \max(D_r - q_r, 0) - \tau e_r q_r\}$$

代表性的实例，如常香云、王艺璇和朱慧赟等[⑨]构建了在碳税约束下，市场需求为随机变量，考虑产品残值，目标为最大期望利润的再制造企业生产决策模型 $\max E(\Pi) = E\{p_n \min(q_n, D_n) + p_r \min(q_r, D_r) + \theta_n \max$

① 张靖江. 考虑排放许可与交易的排放依赖型生产运作优化［D］. 合肥：中国科学技术大学，2010.

② 常香云，朱慧赟. 碳排放约束下企业制造/再制造生产决策研究［J］. 科技进步与对策，2012，29（11）：75－78.

③⑨ 常香云，王艺璇，朱慧赟，等. 集成碳排放约束的企业制造/再制造生产决策［J］. 系统工程，2014，32（2）：49－56.

④ 申成然，熊中楷. 碳排放约束下制造商再制造决策研究［J］. 系统工程学报，2014，29（4）：537－549.

⑤ 陈伟达，毕兴明. 考虑碳税和资金约束制造/再制造生产决策研究［J］. 工业工程，2017，20（5）：1－8.

⑥ 杨鉴. 基于碳排放交易政策的企业生产决策研究［D］. 上海：华东理工大学，2012：20－21.

⑦ 陈龙. 低碳约束下企业生产决策研究［D］. 太原：太原科技大学，2015.

⑧ 刘碧玉，陈伟达，杨海东. 基于 REVD 考虑碳排放的零部件再制造决策［J］. 管理科学学报，2016，19（10）：48－60，86.

$(q_n - D_n, 0) + \theta_r \max(q_r - D_r, 0) - c_n q_n - c_r q_r - \tau e_n q_n - \tau e_r q_r\}$，通过一阶条

件、二阶条件求得该模型的最优产量为 $\begin{cases} q_n^* = F_n^{-1}\left(\dfrac{p_n - c_n - \tau e_n}{p_n - \theta_n}\right) \\ q_r^* = F_r^{-1}\left(\dfrac{p_r - c_r - \tau e_r}{p_r - \theta_r}\right) \end{cases}$，并据此

分析碳税因素对再制造企业生产决策带来的影响。

（3）当 $O_1 = \{\Pi\}$，$\varepsilon_1 = \{dep\}$，$\varepsilon_2 = \{ind\}$，$\gamma_1 = \{MR\}$，$\gamma_2 = \{HOM\}$，$\alpha_2 = \{CEA\}$ 时，即企业是独立再制造商或混合再制造商，决策目标是基于期望利润最大化，在考虑碳排放限额情形下的再制造企业生产决策模型为 $\max O_1 = f(N(\varepsilon_1, \varepsilon_2), D(\gamma_1, \gamma_2), C(\alpha_2), F(\varnothing))$。

具体可表示为：

$$\max \Pi = \max\{p_r \min(q_r, D_r) - c_r q_r - i_r \max(q_r - D_r, 0)$$
$$- s_r \max(D_r - q_r, 0) - \rho \max(e_r q_r - C_m, 0)\}$$

代表性的实例，如刘碧玉、陈伟达和杨海东[①]针对独立再制造企业，构建了在碳排放限额约束下，市场需求为随机变量，考虑再制造零部件损耗和库存成本或缺货成本，目标为最大总利润的再制造生产决策模型：

$$\max \Pi = \max[p_r E_F \min(\alpha q_r, D_r) - c_r q_r - (1 - \alpha)q_r c_w - i_r E_F \max(\alpha q_r - D_r, 0)$$
$$- s_r E_F \max(D_r - \alpha q_r, 0) - \rho \max(e_r q_r - C_m, 0)]$$

该模型的主要创新在于，市场需求假设为服从某种概率分布的随机变量，且只知一阶矩有限分布信息和二阶矩有限分布信息，这种假设更符合再制造零部件市场需求的实际情况。

（4）当 $O_1 = \{\Pi\}$，$\varepsilon_2 = \{ind\}$，$\gamma_1 = \{MR\}$，$\gamma_2 = \{HOM\}$，$\alpha_3 = \{CET\}$ 时，即企业是混合再制造商，决策目标是基于期望利润最大化，在考虑碳排放权市场交易情形下的再制造企业生产决策模型为：

$$\max O_1 = f(N(\varepsilon_2), D(\gamma_1, \gamma_2), C(\alpha_3), F(\varnothing))$$

具体可表示为：

---

① 刘碧玉，陈伟达，杨海东. 基于 REVD 考虑碳排放的零部件再制造决策［J］. 管理科学学报，2016，19（10）：48 - 60，86.

$$\max \Pi = \max \left\{ p_n \min(q_n, D_n) - c_n q_n - h_n \max(q_n - D_n, 0) - s_n \max(D_n - q_n, 0) \right.$$
$$+ p_r \min(q_r, D_r) - c_r q_r - i_r \max(q_r - D_r, 0) - s_r \max(D_r - q_r, 0)$$
$$\left. - \lambda_b \max(e_r q_r + e_n q_n - C_m, 0) + \lambda_s \max(C_m - e_r q_r - e_n q_n, 0) \right\}$$

代表性的实例，如申成然和熊中楷[1]针对混合再制造企业，构建了在碳排放权交易机制下，市场需求为随机变量，考虑消费者购买偏好 θ 和效用函数，目标为最大总利润的两周期再制造生产决策模型 $\max \Pi = (D - q_{1n} - c_n) q_{1n} + (D - q_{2n} - \theta q_{2r} - c_n) q_{2n} + [\theta(D - q_{2n} - q_{2r}) - c_r] q_{2r} - k[e_n(q_{1n} + q_{2n}) - C_m]$，分析了新品和再制造产品的最优生产决策和定价决策，并探讨了旧产品回收数量和单位碳排放量交易费用 k 对定价和产量的影响。（式中，q_{1n} 为第一期新品的产量，q_{2n} 为第二期新品的产量，q_{2r} 为第二期再制造产品的产量，其余同前述说明。）

（5）当 $O_1 = \{\Pi\}$，$\varepsilon_2 = \{ind\}$，$\gamma_1 = \{MR\}$，$\gamma_2 = \{HOM\}$，$\alpha_2 = \{CEA\}$，$\alpha_3 = \{CET\}$，$\beta_1 = \{TVM\}$，$\beta_2 = \{COS\}$，$\beta_3 = \{CAP\}$，$\beta_4 = \{INV\}$ 时，即企业是混合再制造商，决策目标是基于期望利润最大化，在考虑碳排放和财务因素情形下的再制造企业生产决策模型为：

$$\max O_1 = f(N(\varepsilon_2), D(\gamma_1, \gamma_2), C(\alpha_i), F(\beta_1, \beta_2, \beta_3, \beta_4))$$

代表性的实例，如王永健和陈伟达[2]分别构建了在债权融资方式和股权融资方式下再制造企业的最优生产决策模型，$\max \Pi = [(p_n - c_n) q_n + (p_r - c_r) q_r + r_1(c_n q_n + c_r q_r - B)](1 - t)$、$\max \Pi = [(p_n - c_n) q_n + (p_r - c_r) q_r](1 - t) + r_2(c_n q_n + c_r q_r - B)$，通过一阶条件、二阶条件求得该模型的最优产量，并据此分析了相应的融资策略。该成果着重研究存在资金短缺时，不同融资方式对再制造企业生产决策的影响及对应的融资策略，但没有综合考虑各种碳减排因素对再制造企业生产运作的影响。

综上所述，目前已有不少学者对制造（再制造）企业生产运营展开

---

① 申成然，熊中楷. 碳排放约束下制造商再制造决策研究 [J]. 系统工程学报，2014，29（4）：537 - 549.

② 王永健，陈伟达. 不同融资方式下再制造企业生产和融资综合决策 [J]. 系统工程，2017，35（8）：100 - 105.

了研究，概括起来主要集中在三方面：一是在不考虑碳排放政策约束对企业生产决策的影响下，以利润最大化或成本最小化为目标探讨企业再制造生产决策问题。如实例 1 模型所代表的再制造企业生产决策问题。二是基于某一特定的碳排放约束情景下，探讨低碳减排对供应链及企业生产运作的影响，研究较侧重于宏观层面，多集中在对运输、库存和供应链网络设计等方面。如实例 2 模型、实例 3 模型、实例 4 模型所代表的再制造企业生产决策问题。三是综合考虑在碳排放约束和其他因素的作用下再制造企业的生产决策问题。如实例 5 模型所表示的再制造企业生产决策问题。

可以看出，有关制造（再制造）企业生产决策的研究中，考虑财务因素的再制造生产决策的研究文献还很少。本书后续章节主要针对在多种财务因素的影响下再制造企业的生产决策问题，即分别考虑 $\beta_2 = \{COS\}$，$\beta_3 = \{CAP\}$，$\beta_4 = \{INV\}$ 时，$\max \Pi = f(N(\varepsilon_i), D(\gamma_i), C(\alpha_i), F(\beta_2, \beta_3, \beta_4))$ 的生产决策优化问题。

3.3 本章小结

基于再制造企业的生产过程，本章建立了一个内在统一框架来描述各种情形下的再制造生产决策模型。首先，定义了再制造生产决策模型统一框架中各因子的含义；其次，基于统一框架构建了五种情形下的再制造生产决策模型，分析了不同情形下再制造生产决策的具体实例；最后，根据所构建的模型及实例，对现有制造（再制造）企业生产运营研究成果进行了总结，指出了后续章节的研究方向。

第4章　考虑不同成本核算方式的
再制造企业生产决策研究

再制造以其低碳环保等优势，有利于循环经济模式的建立，受到众多企业的青睐。再制造企业产品价格作为再制造企业提升产品市场竞争力的一个重要因素，其产品成本的核算分析尤为重要。准确的成本计算是进行成本预测、成本决策等管理职能以及计算损益的基础，同时，也符合低碳约束下的再制造企业对碳财务管理的需要。基于再制造企业生产特点和经营管理的要求，选择产品成本计算方法至关重要。本章以再制造行业较多采用的实际成本法及作业成本法的分析为重点，对再制造过程中的成本运用及控制进行分析，使再制造企业更准确地掌握成本信息，从而提高市场竞争力和管理水平。

根据 3.1 节再制造企业生产决策模型统一框架，本章研究考虑成本核算方式的再制造企业生产决策模型可以描述为：$O_1 = \{\Theta\}$，$\varepsilon_1 = \{dep\}$，$\gamma_1 = \{MR\}$，$\beta_2 = \{COS\}$ 时，即再制造企业是独立再制造商，决策目标是基于期望利润最大化。在碳排放约束情形下考虑不同成本核算方式的再制造企业生产决策模型为：$\min O_1 = f(N(\varepsilon_1), D(\gamma_1), C(\alpha_i), F(\beta_2))$，具体还可以分为，当 $\beta_2 = \{a_1, a_2, a_3, a_4\}$ 时，讨论再制造企业的生产决策，其中，$a_1 = \{$制造成本核算方式$\}$，$a_2 = \{$标准成本核算方式$\}$，$a_3 = \{$作业成本核算方式$\}$，$a_4 = \{$基于作业流程的标准成本核算方式$\}$。

4.1　再制造企业成本核算影响因素

一般工业企业成本计算的基本内容是产品成本的形成和生产费用的

发生，为了严格控制和审核各项成本费用，往往按照成本开支范围、费用开支标准和企业的计划、定额加以核算。由于再制造企业生产组织和工艺技术流程的特殊性，一般产品成本计算所采用的定额法等方法不能完全适用，需要根据再制造企业生产实际发生的成本来核算。

再制造企业由于自身生产特点，在进行成本核算时需要考虑的因素比一般生产企业更为复杂，主要有以下四种。

4.1.1　再制造企业生产链条较长

从机械产品再制造流程图可以看到，再制造企业从旧产品回收—初步检验—拆卸—清洗—分类、检测—评估—修复、设计、加工—装配—检验—包装、入库，生产流程的整个链条较长。并且，其中某些环节还可能出现反复、调拨等多项程序。因此，从成本核算的账务处理角度来看，成本需要经过多次结转，增加了财务处理的工作量，降低了成本对转的工作效率（见图 2 - 1）。

4.1.2　再制造产品的特殊生产方式

再制造产品具有"个性化、定制式"的生产方式，产品的生产定额及标准不能准确确定，使得制造最终产品所使用的标准物料清单，难以在再制造过程中获得。因此，再制造企业难以采用或不适用定额法与标准成本法这样的成本核算方法。

4.1.3　再制造产品的零部件状况不同

即使是生产同一批次的再制造产品，再制造过程中使用的零部件状况，如成新度、技术可修复程度等也不尽相同，不能按照统一的成本标准来核算。因此，由于零部件状况的不同，成本也不同，需要按照再制造产品实际发生成本核算。

4.1.4　再制造产品的差异

遵循成本效益原则，再制造最终产品仍然存在直接入库和废弃的状态。因此，在生产过程中，对废旧零部件的利用效率不同，也会影响最终产品的成本。

基于上述影响因素，后续章节分别采用制造成本法、标准成本法、作业成本法以及基于作业流程的标准成本法对再制造企业生产成本进行测算，对比分析不同核算方式的特点和差异。

4.2　再制造企业制造成本法分析

4.2.1　再制造企业制造成本法的运用

再制造企业采用制造成本法对产品成本进行核算，与一般工业企业在进行产品成本核算时采用的账务处理程序大致相同。一般工业企业产品成本核算账务处理程序，如图4-1所示。

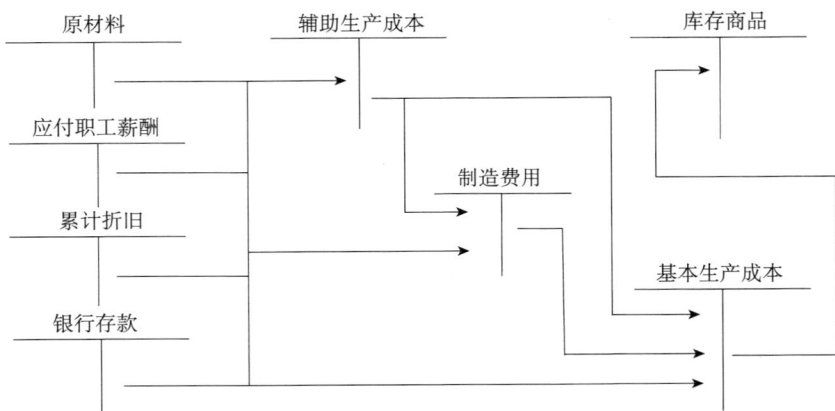

图4-1　一般工业企业产品成本核算账务处理程序

资料来源：笔者绘制。

在制造成本法下，再制造企业产品成本管理与核算模块和其他模块之间会建立关联，它们之间的联系，如图4-2所示。

```
┌─────────────────┐      ┌─────────────┐      ┌─────────────┐
│ 物料清单（BOM）  │      │    存货      │      │   可再制品   │
└─────────────────┘      └─────────────┘      └─────────────┘
         │                      │                    │
         ▼                      ▼                    ▼
┌─────────────────┐      ┌─────────────────┐      ┌─────────────┐
│   回收、采购     │ ───▶ │   成本管理       │ ◀─── │   往来账款   │
└─────────────────┘      │  与控制核算      │      └─────────────┘
                         └─────────────────┘
         │                 │        │    │
         ▼                 ▼        ▼    ▼
┌─────────────┐   ┌─────────────┐ ┌──────┐ ┌─────────────┐
│ 订单账务处理 │   │  核算与监督  │ │ 报表 │ │   账务总账   │
└─────────────┘   └─────────────┘ └──────┘ └─────────────┘
```

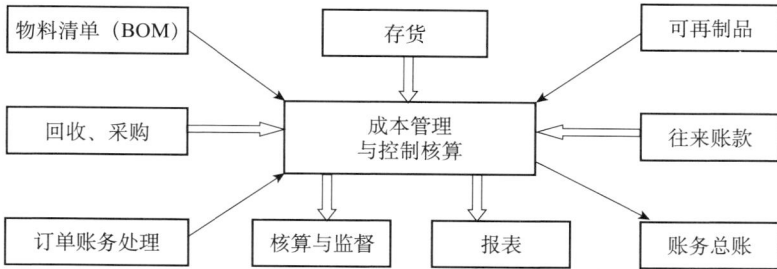

图 4 - 2　制造成本法下再制造成本模块与其他模块关联

资料来源：笔者绘制。

由于再制造行业的特性，废旧零部件回收后，经拆洗、修复后，入库的状态可能是旧件或是修复件，入库的旧件或修复件的成本已包含相应承担的回收成本、分检成本及合理分配的各项成本等。再加工、装配所使用的物料成本也会不同，需要对同一物料的不同状态加以区分，因此，再制造产品的成本是实时变化的。为了更准确地反映再制造产品的成本，通常采用期间加权平均成本（periodic average cost，PAC），即 PAC 成本来进行衡量。

4.2.1.1　PAC 成本计算功能

再制造企业使用期间加权平均成本计算的功能表现为三个方面：一是以期间加权平均成本估计库存值，可以较真实地反映库存物料的实际成本；二是以实际制造成本结转生产车间成本至库存，可以反映真实的制造成本和再制造成本；三是在一个期间内多次进行成本核算，可以实时监控相关物料的成本和产品的成本。

4.2.1.2　PAC 成本模块设置

在计算机信息技术处理环境下，PAC 模块中需要设置两个成本类型：一个是用于记录物料的期间加权平均成本，即 PAC 成本类型；另一个是用于记录资源和制造费用的 PAC_RATE 成本类型。

在 PAC 模块设置中，多组织和是否允许更新的权限是需要注意的内容。在用于记录物料实际成本的 PAC 成本类型中，需要设置为不允许更新；用于记录制造费用和资源的费率，需要人工进行更新，设置为允许更新。PAC 模块中需要将成本组、库存组织、成本类型三者进行相互关联，支持多库存组织共享成本，因此，两种成本类型都需要将多组织设置为允许。

4.2.1.3 PAC 模块期间成本计算逻辑

PAC 将库存事务处理分为两类：成本获取事务处理和成本继承事务处理。成本获取事务处理是计算物料当期实际成本的依据，一般包括物料采购入库、采购退货、在制品完工入库、完工退库等事务处理类型。其中，一个采购订单行或者一个离散工单在同一期内的任何时间的采购或完工入库均使用同一成本进行计算。成本继承事务处理下只使用物料当期的实际成本，不会对当期的物料成本产生影响，包括生产领料、生产退料、销售出库、杂项事务处理等。其中，杂项事务处理作为成本继承事务处理，是由于在标准成本法下，需要使用杂项事务处理项去处理某些生产辅料，而在 PAC 模块下，这部分费用无法自动计入产品成本中。

期间平均成本表达式为：

$$C = \frac{m_1 \times c_1 + m_2 \times c_2 + C_{PAC}}{m_1 + m_2} \tag{4-1}$$

在式（4-1）中，C：期间平均成本；

m_1：上一期的期末数量；

c_1：上一期的期末成本；

m_2：本期成本获得事务处理数量；

c_2：本期获得单价；

C_{PAC}：本期 PAC 库存值更新。

4.2.1.4 PAC 模块中相关会计处理

在 PAC 模块中，相关的会计处理主要体现在对采购、车间生产、销售等环节发生的经济业务进行会计分录的编制。其中，车间生产环节又包含领料、物料生产耗用、完工入库等子环节。各环节经济业务主要涉及的会计分录，分别如表 4 - 1 ~ 表 4 - 5 所示。

表 4 - 1　　　　　　　采购环节相关会计分录

经济业务摘要	分录		备注
	方向	涉及账户	
物料采购回收	DR	物料采购等账户	采购订单价格
	CR	银行存款等资产账户	货币等资产支付
	CR	应付物料账款等负债账户	承担债务形式
物料验收入库	DR	库存子材料账户	采购订单及入库单
	DR	待处理类账户	发票价差、损耗
	CR	材料采购等账户	采购订单价格
应付发票匹配	DR	物料应付账款等负债账户	采购订单价格
	DR	发票价差账户	发票价格—采购订单价格
	CR	应付账款账户	发票价格

资料来源：笔者根据采购环节相关会计处理内容整理而得。

表 4 - 2　　　　　　生产车间领料环节相关会计分录

经济业务摘要	分录		备注
	方向	涉及账户	
领用物料	DR	生产成本等账户	领用物料实际成本
	CR	库存物料子账户	发出物料实际成本
物料退回	DR	库存物料子账户	发出物料实际成本
	CR	生产成本等账户	领用物料实际成本

资料来源：笔者根据领料环节相关会计处理内容整理而得。

表 4 - 3　　　　　生产车间物料生产耗用环节相关会计分录

经济业务摘要	分录		备注
	方向	涉及账户	
直接成本项目	DR	生产成本—材料、人工等账户	生产直接耗用资源额
	CR	材料、人工等资源占用账户	生产直接耗用资源额
间接成本项目	DR	制造费用账户	生产间接耗用资源额
	CR	制造费用吸收账户	生产间接耗用资源额
委托加工成本	DR	委托加工物资等账户	加工费
	CR	应付加工账款等负债账户	承担债务形式

资料来源：笔者根据生产耗用环节相关会计处理内容整理而得。

表 4 – 4　　　　　　　生产车间完工入库环节相关会计分录

经济业务摘要	分录		备注
	方向	涉及账户	
生产完工入库	DR	库存各资产账户	入库各资产的实际成本
	CR	生产成本账户	构成各资产的成本额

资料来源：笔者根据入库环节相关会计处理内容整理而得。

表 4 – 5　　　　　　　　销售环节相关会计分录

经济业务摘要	分录		备注
	方向	涉及账户	
领用发出	DR	发出品等账户	发出品实际成本
	CR	库存物料等账户	发出品实际成本
销售发出	DR	销售成本等账户	发出品实际成本
	CR	发出品等账户	发出品实际成本

资料来源：笔者根据销售环节相关会计处理内容整理而得。

在再制造企业的实际生产经营中，一般都存在跨期结算情况，通常会采用暂估价进行估值，实际成本计算的同时也需要考虑暂估价格，与真正的结算价格之间存在差异。此外，再制造企业在生产过程中的工单投料差异，也会出现相应的差异科目。因此，在 PAC 成本核算中，可能会表现出三方面的差异，即发票价格差异（IPV）、汇率差异（ERV）和生产成本差异。发票价格差异是发票结算价格与采购订单之间的差异；汇率差异是发票结算汇率折换与采购订单汇率折换之间的差异；生产成本差异则来自工单实际投入成本与工单完工成本之间的差异。

成本差异的存在，需要在 PAC 成本核算中对成本进行更新，一般地，更新方式有指定新成本单价、更改成本百分比、更改库存值三种方式，这三种方式下更新成本的会计分录，如表 4 – 6 所示。

表 4 – 6　　　　　　PAC 成本更新不同方式下的会计分录

更新方式	分录		备注
	方向	涉及账户	
指定新成本单价	DR	库存估价账户	新旧成本价差 × 期初物料数量
	CR	成本更新账户	新旧成本价差 × 期初物料数量
更改成本百分比	DR	库存估价账户	成本更新百分比 × 旧成本价 × 期初物料数量
	CR	成本更新账户	成本更新百分比 × 旧成本价 × 期初物料数量

续表

更新方式	分录		备注
	方向	涉及账户	
更改库存值	DR	库存估价账户	成本更新额
	CR	成本更新账户	成本更新额

资料来源：笔者根据成本更新环节相关会计处理内容整理而得。

在再制造企业财务核算中，需要时刻关注生产成本中差异的产生，及时分析核算各项差异产生的缘由，运用合理的财务核算方法进行更新分摊，避免差异的累积、沉淀，以准确、真实地反映再制造产品的实际成本。

4.2.2　再制造企业制造成本法运用需注意的事项

4.2.2.1　关注物料成本的变动

再制造企业生产实际操作中可能会出现物料的旧件成本高于新件成本的情况，这表明，废旧产品分解、拆卸后的有效旧件不足，旧件承担废旧产品整机回收成本以及拆卸成本、清洗成本的费用过高，旧件的回收价格被再制造企业高估，继续对旧件进行工序处理，是不经济的表现。此外，实际操作中，再制造企业在不考虑旧件本身问题的前提下，也可能出现物料修复件的成本高于新件成本的情况，即继续对物料的修复耗费高于新件的外购耗费，同样是不经济的表现。因此，基于成本效益原则，再制造企业生产过程中需要经常关注物料成本的变动，灵活指导、执行经营政策并进行成本的管理和控制。

4.2.2.2　关注废旧部件利用率水平

由于再制造以可持续发展为理念，以先进技术和产业化生产为手段，通过将废旧机械设备进行修复、改造，最终得以提升产品性能。因而，再制造企业通常在发展成熟的制造行业集团内建立。因此，再制造产品与原制造产品可以对生产过程中的基础数据进行对比分析，以获取再制造产品对旧件的利用率。一般地，再制造产品的材料成本往往比原制造产品低

50%以上。① 如果再制造产品对废旧部件利用效率不足，表现为材料成本过高，需要进一步对材料成本构成进行剖析。可以从三方面进行分析，一是材料回收方面，考虑材料回收价格的制定是否合理；二是生产流程方面，考虑再制造生产流程的制定是否复杂，从而间接增加了成本；三是生产管理方面，考虑再制造生产成本的控制问题，是否有成本失控的情形。

4.2.2.3 工作流程与制造成本法运用的匹配

制造成本法的运用要求从材料收发到明细分类账、总分类账全部按实际成本计价，存在严格的财务要求。因此，再制造企业需要在生产流程的各个职能模块设置中予以匹配。主要表现在三方面：一是采购订单管理方面。旧件、修复件的成本主要由采购订单的价格决定，是构成再制造产品最终产品成本的主要构成项目，必须要求采购订单价格的准确。二是工单管理方面。再制造产品的成本虽是动态变化的，但在 PAC 中需要对成本进行闭环管理，通常不允许出现跨期工单，尽量保证当期的工单当期关闭。三是估价差异管理方面。从财务管理角度来说，在期间平均成本模块中对合理差异进行更新分摊，才能真正体现实际成本法下真实地反映生产成本的目的。

由于再制造产品的多生命周期特性，再制造行业的成本核算难度较高。采用制造成本法对再制造企业财务管理控制能力提出了较高要求，借助 ERP 等信息管理系统，紧抓 PAC 成本核算的要点，有助于准确地核算再制造产品成本。

4.3 再制造企业标准成本法分析

4.3.1 标准成本法及标准成本制定原则

标准成本法是企业通过细致地调查、分析和技术测定来制定标准成

---

① Li Y. Q. , Eddie Ian and Liu J. H. Carbon emissions and the cost of capital: australian evidence [J]. Review of Accounting & Finance, 2014, 13 (4): 400 – 420.

本，将标准成本与实际成本对比，提示两者的差异并进行相关因素分析的一种产品成本计算方法。在再制造企业正常的生产经营中，标准成本是应该实现的目标成本，是衡量实际成本的标尺，也是考核责任中心成本控制效果及业绩的依据。再制造企业执行的标准成本，须将成本控制系统与信息系统结合起来，不仅可以用来核算产品成本，还着重用于企业成本控制，成为加强成本控制的一种会计信息系统。

当前，不同学者对于应当如何制定标准成本，所持观点众多；学术界对于制定何种标准成本也是众说纷纭，涌现出了多种标准成本，诸如理想标准成本、正常标准成本、现实标准成本、基本标准成本等。此外，标准成本具有一定的时效性。因此，再制造企业产品标准成本指标制定时需要遵循以下三方面的原则：第一是平均水平先进、适当略有提高；第二是参照历史数据、兼顾未来状况；第三是执行人员参与、专业技术人员起草、管理人员决定。

4.3.2　标准成本分析

4.3.2.1　单位再制造产品标准成本制定

标准成本的制定是对构成再制造产品制造成本的制定，即对再制造产品的直接材料、直接人工和制造费用三个成本项目的标准成本的制定。单位再制造产品标准成本通过三个成本项目的单位标准成本乘以各自的用量标准，汇总后确定。其表达式为：

$$\text{UPSC} = \left(\sum S_{mp} \times S_{cm} \right) + \left(\sum S_{hr} \times S_{wh} \right) + \left(\sum S_{dr} \times S_{wh} \right) \quad (4-2)$$

在式（4-2）中，UPSC：单位再制造产品标准成本；

S_{mp}：产品耗用某种材料的价格标准；

S_{cm}：产品耗用某种材料的用量标准；

S_{hr}：产品各工序的小时工资率标准；

S_{wh}：产品各工序的工时用量标准；

S_{dr}：产品各工序的制造费用分配率标准。

4.3.2.2 再制造产品成本差异分析

实际生产中的再制造产品发生成本可能与预定的标准成本不符，两者产生的差额即为成本差异。分析导致再制造产品成本差异的形成因素，可以有针对性地采取相应措施，目的在于实现对成本的有效控制。产品成本差异分析，如图 4 - 3 所示。

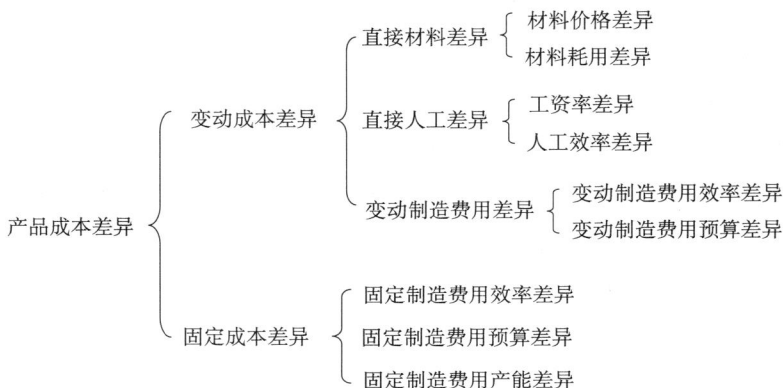

图 4 - 3　产品成本差异分析

资料来源：笔者根据定义绘制。

4.3.2.3 再制造产品成本差异的会计处理

再制造企业当期进行产品生产时，需要及时核算本期产品成本差异，确认本期发生的实际成本。通常涉及的会计核算账户包括直接材料成本差异账户、直接人工成本差异账户、变动性制造费用成本差异账户、固定性制造费用成本差异账户。在每个账户下根据形成成本差异的具体因素，再分别设置细目。

再制造企业产品成本差异会计处理可以通过以下四种方法：一是即期直接分配处理法，该方法将本期产生的成本差异体现在当期利润中，反映了当期成本控制的效果；二是逐月递延分配处理法，该方法是将本期产生的各项差异在结存产品与已销产品中进行分配调整；三是折中分配处理法，该方法需要根据各项成本差异产生的原因分别处理，价差按递延分配方法处理，量差按直接分配方法处理；四是累计结转分配处理法，该方法从简化各期差异处理工作量角度进行，到年末一次性进行差异分配处理。

4.3.3　再制造企业标准成本法运用需注意的事项

4.3.3.1　考虑再制造企业生产方式的特点

通常情况下，标准成本法适用于生产产品的品种较少，且易形成大批量的生产企业；也可适用于产品品种不经常发生变化的企业。一般来说，若再制造企业产品体现为单件、小批量生产方式，抑或是独立性、多次的试制品生产方式，较少采用标准成本核算方法。

4.3.3.2　技术及管理与标准成本法运用的匹配

标准成本法的核心，在于标准成本的制定。标准成本制定是采用标准成本法的前提和关键，需要由较高水平的核算人员、专业技术人员及管理人员共同参与，需要健全的管理制度加以保障。再制造企业用于产品生产的毛坯件等原料，存在状态不统一的情况，在较为复杂的再制造生产流程中，要求再制造企业能够制定准确、稳定的标准成本，并拥有较高标准成本技术及管理水平能力，才能发挥标准成本对产品生产成本控制的目的。

4.4　再制造企业作业成本法分析

4.4.1　作业成本法及其特点

作业成本（activity-based costing，ABC）法是以作业为基础，通过对作业成本的确认、计量而计算产品成本的一种方法。在作业成本法下，以围绕产品生产的作业为核心，通过数据统计分析出企业现有资源成本，找出其中的作业成本动因，将作业按照一定标准合理分配的新兴成本控制管理方式。[①]

作业成本法的产生和应用与新制造环境下的成本构成内容及构成结构的变化密切相关。由于传统的成本计算方法通常以某一问题为基础，计算统一的间接费用率，并据此分配间接的制造费用成本。所以，在间接成本项目制造费用发生较少、制造费用在总成本中所占比重较少、成本管理要求不高的情况下，传统的成本计算方法可行。自20世纪70年代以来，高科技在生产领域广泛应用，加快了社会生产的发展，日本、美国等发达国家纷纷推行自动化生产、电脑辅助设计、电脑辅助制造的柔性制造系统，并取得了丰硕成果。这就使得直接成本项目中的人工费用在总成本中的比例越来越小，间接费用成本项目的比例大幅度上升。就美国、日本的电子制造业和机器制造业而言，有数据显示，间接费用成本在产品生产总成本中所占的比重，美国高达75%，日本高达50%～60%。[②] 在先进制造环境下，机器能够越来越广泛地取代人工，直接人工成本比例大大下降，间接费用成本能够达到直接人工成本的400%～500%，直接人工成本占产品生产总成本比例则下降至约3%～5%的水平。[③] 产品多样化，会使各种产品在技术层次、精密程度上相差较大。同时，产品结构的重大变化，客观上要求把成本控制重点由直接材料、直接人工等直接成本项目逐步转向制造费用等间接成本项目。在产品成本构成内容及构成结构发生变化的情况下，为了正确计算产品成本，获得更全面、更相关的成本信息，需要准确地反映产品消耗、核算企业效益，从而满足经营管理的需要。

与传统的成本计算方法相比较，作业成本计算法表现为如下特点。

4.4.1.1 以作业为成本计算的中心

作业成本法的基本思想为"产品成本对象消耗作业，作业消耗企业

---

① 袁中华. 浅议作业成本法在制造业中的应用［J］. 农村经济与科技，2019，30（2）：168 – 169.

② 盖黎. 作业成本管理思想在成本核算中的运用［J］. 江汉石油职工大学学报，2007，20（3）：57 – 59.

③ 付佩思，陈蕾. 作业成本计算在企业运行中的现实性［J］. 现代审计与会计，2006（5）：34.

资源"，因此，企业在进行财务处理时，需要先确认企业从事了哪些作业，根据作业对资源的耗费，归集各种作业所发生的成本，然后，根据产品成本对象对作业的需求量，计算出耗费作业的产品成本。作业成本法扩大了成本计算面，把成本计算的重心转移到耗费资源的作业上，有利于提高成本分析的清晰度，发现并消除对企业经济效益无贡献的耗费。

4.4.1.2　设置成本库归集成本

成本库是可用同一成本动因来解释其成本变动的同质成本集合体。比如，在再制造产品生产时，一个生产车间所发生的动力费用、准备调整费用、检验费用等受不同的成本驱动因素影响，因此，该车间应分别设置成本库进行费用归集。又例如，检验费用项目，也可以再按材料检验、在制品检验和产成品检验分设若干个成本库归集。不同质的制造费用，通过不同的成本库归集，有利于再制造企业发现并分析成本升降的原因，有的放矢地进行成本控制。①

4.4.1.3　按多标准分配成本

将不同质的费用设立不同的成本库进行归集，也有利于按引起费用发生的成本动因进行费用分配。例如，动力费用与产品产量有关，财务处理可选择与产品产量有关的成本动因，如机器小时作为分配动力费用的基础；产品检验费用与检验数量有关，可选择按检验数量进行分配；准备调整费用与生产准备次数有关，可选择按生产准备次数进行分配。按多标准分配不同质的制造费用，能够为成本控制提供更准确的信息。②

在作业成本法下，分配间接费用的基础，除了财务方面的各项指标外，也会大量采用如材料订购次数、质量检验数量等非财务方面的指标。

---

① 李翼翔. 作业成本法的特点及应用效果与研究 ［J］. 中国城市经济，2011（10）：356，358.

② 程海涛. 作业成本法的特点及应用分析 ［J］. 中小企业管理与科技，2012（2）：80 - 81.

4.4.2 作业成本法的成本核算流程

基于作业成本法的再制造企业产品成本核算，通常要经过下述四个步骤来完成。[①]

4.4.2.1 作业分析

作业分析是分析生产产品所发生的各项经济活动，将同质的活动确认为作业项目或作业中心的过程。作业分析的目的，是将再制造企业生产经营活动分解或集合为一个个据以计算成本和评价效果的基本单位——作业，并描述有关资源是如何被消耗的。一项作业可以是跨部门进行的；一个部门也可以完成若干个项目作业。再制造企业作业成本核算基本流程，如图4-4所示。

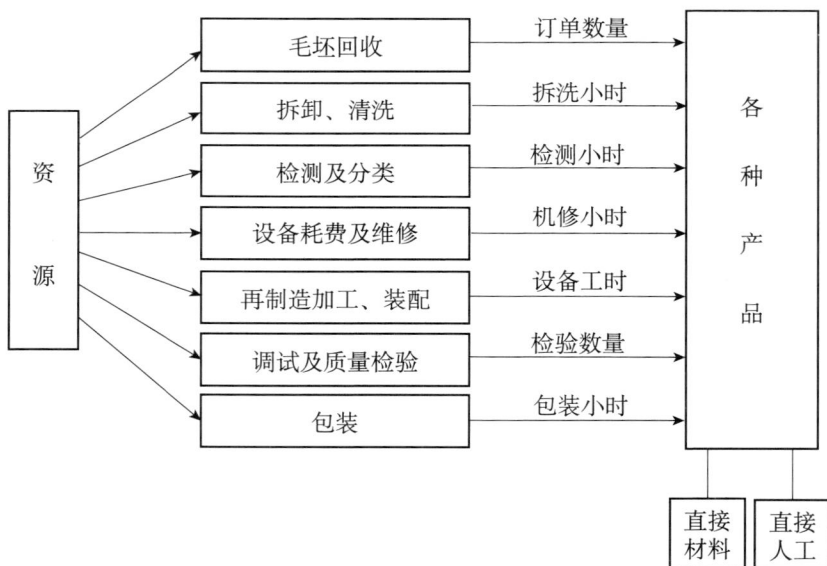

图4-4 再制造企业作业成本核算基本流程

资料来源：笔者根据作业成本核算流程内容绘制。

[①] 李来儿. 成本会计（第二版）［M］. 成都：西南财经大学出版社，2018：248-251.

4.4.2.2　确定资源动因，建立作业成本库

再制造企业根据作业对资源的耗费，按作业项目记录并归集费用，建立作业成本库。

4.4.2.3　确定作业动因，分配作业成本

再制造企业确定作业动因，根据产品消耗特定作业的数量，将作业成本分配到各产品成本目标中。

4.4.2.4　计算汇总各成本目标的成本

4.4.3　再制造企业作业成本法运用需注意的事项

作业成本法在再制造产品成本确定上较为准确，是一种较为科学的成本计算方法。由于企业在成本计算和成本管理方面存在诸多问题，再制造企业应借鉴这种成本计算方法的原理，以提高成本信息对决策的有用性，提高成本管理的有效性。因此，再制造企业应用作业成本法进行再制造产品成本计算时，须注意以下三方面事项。

4.4.3.1　适时改进应用作业成本法

再制造企业要充分认识自身产品的具体情况，将作业成本法的应用与企业成本管理水平的改进、提升结合起来，建立并完善作业成本计算系统。作业成本法并非取代传统成本计算方法，由于再制造企业生产作业工艺流程的特殊性，可以先在某些局部生产环节或某些局部费用的分配上引入作业成本法的计算原理，待企业成本管理能力水平提高、条件较为成熟时，可以全面试行作业成本法，以提高成本信息质量，为企业生产经营和决策服务。

4.4.3.2　遵循作业成本法的适用基本条件，降低主观武断性

作业成本法应用在再制造生产领域可以提供相对准确的成本信息，是需要满足以下两个基本条件为前提的。

一个条件是，在同一作业成本库中的成本受单一性质作业或"主要

性质作业"驱动而发生，也就是说，由同质作业引起的。若归集在同一作业成本库中的成本由两个或两个以上不同性质的作业引发，但向产品分摊成本时仅以一个作业为基准，则违反了这个基本条件。只有对作业性质进行充分了解和掌握，才能避免以武断的方式进行成本分摊时造成成本的扭曲、偏差。

另一个条件是，在同一成本库中，由于成本动因与被分摊成本间具有密切的因果关系，因此，成本变动水平与作业变动水平应呈现等比例增减。而作业成本动因因为主观武断性的局限，某些成本的（如闲置生产能力的成本）发生与产品并无直接因果关系，无法确定合适的成本动因。在此情况下，如果仍然分摊该成本到产品中，必将歪曲产品的实际成本。

鉴于上述前提条件的约束，实施作业成本法时，再制造企业须提升自身生产经营过程的全面化、精细化作业分析能力，在此基础上建立合理的作业成本库并选择成本动因。

4.4.3.3　成本效益原则在作业成本法应用中的考虑

由于作业成本计算方法的实施是一套复杂的、庞大的系统工程，再制造生产企业在有效解决企业生产经营过程及成本管理中存在的问题时，需要考虑实施作业成本法的预期收效情况、预计成本耗费情况，采用作业成本法以及作业成本管理能否有助于解决问题。如果再制造企业花费较大的人力、物力、财力，并进行了复杂的成本核算，却不能根本解决这些问题时，那么，就不应该贸然或盲目地实施作业成本法。

4.5　不同成本核算方式下再制造产品定价决策

再制造企业成本核算是满足企业生产经营管理的根本性要求。再制造产品价格是再制造企业取得市场竞争力的一个重要因素，制定合理的产品销售价格与废旧物料回收、再制造生产加工等成本项目有着密切联系，准确测算再制造产品成本尤为重要。本节将分别采用制造成本法、标准成本法、作业成本法以及基于作业流程的标准成本法，对某再制造企业的产品进行成本核算，来验证不同的成本核算方式对再制造企业产品定价的影响及其重要性。为了简化模型及计算便捷，本节在后续分析中不考虑税费等因素对模型及计算的影响。

4.5.1　问题描述与假设

某再制造企业主要经营机械产品和物资回收、再制造生产和销售等业务。某年度回收了300台废旧机床进行机床再制造生产，主要涉及型号A、型号B、型号C三种，对该300台废旧机床再制造生产过程的有关记录汇总结果，如表4-7所示。

表4-7　　　　　　　某年度机床再制造生产成本记录

项目	型号A	型号B	型号C	合计
再制造数量（台/年）	50	100	150	300
直接材料（元/年）	267 100	1 144 000	950 640	2 361 740
直接人工（元/年）	495 900	936 000	913 360	2 345 260
制造费用（元/年）	—	—	—	3 828 000
工时消耗（小时/年）	1 000	4 000	5 000	10 000

注："—"表示各型号机床制造费用当前无法确定。
资料来源：笔者根据调查数据整理而得。

直接材料和直接人工是该再制造企业直接投入在废旧机床再制造产品生产过程中的直接成本项目；制造费用是机床再制造过程中的资源耗费，是为再制造产品生产所发生的各项间接成本项目。在生产多种产品的情况下，制造费用应采用适当的分配方法计入各产品的成本，通常采用的分配方法有，生产工人工时比例法、生产工人工资比例法、机器工时比例法、按年度计划分配率分配法等。

该机床再制造企业在决定产品出售价格时，主要采用成本加成的办法确定各种产品的销售价格，加成比例为40%。也就是说，以核算出各种机床再制造产品的单位成本为基础，再额外加上单位成本的40%作为再制造产品的预定销售价格。

4.5.2 基于制造成本法的再制造产品定价决策

制造成本法是一种传统的产品成本计算方法，产品成本对象所发生的材料及人工的耗费直接归集于该产品对象，间接费用的发生通过某种分配标准再归集于产品成本。

4.5.2.1 成本计算

根据表4-7的资料，按照制造成本计算法，该企业对机床再制造的资源耗费，即制造费用，采用按生产机器工时比例的分配方式进行合理分配。型号分别为A、B、C三类机床再制造产品的成本计算如下：

制造费用分配率 = 3 828 000 ÷ 10 000 = 382.80（元/小时）；

型号A应负担的制造费用 = 1 000 × 382.80 = 382 800（元）；

型号B应负担的制造费用 = 4 000 × 382.80 = 1 531 200（元）；

型号C应负担的制造费用 = 5 000 × 382.80 = 1 914 000（元）。

三种型号的机床制造成本计算，如表4-8所示。

表4-8　　　　　　　制造成本法下的再制造机床产品成本

项目	型号A	型号B	型号C
再制造数量（台/年）	50	100	150
直接材料（元/年）	267 100	1 144 000	950 640
直接人工（元/年）	495 900	936 000	913 360
制造费用（元/年）	382 800	1 531 200	1 914 000
总成本（元/年）	1 145 800	3 611 200	3 778 000
制造费用占总成本的比重（%）	33.41	42.40	50.66
单位成本（元/台）	22 916	36 112	25 186.67

资料来源：笔者根据数据整理计算而得。

4.5.2.2 产品单位销售定价

根据该企业的销售定价策略，三种型号机床的预定销售价格计算如下：

型号A预定销售价格 = 22 916 × (1 + 40%) = 32 082.40（元）

型号B预定销售价格 = 36 112 × (1 + 40%) = 50 556.80（元）

型号C预定销售价格 = 25 186.67 × (1 + 40%) = 35 261.34（元）

4.5.2.3　现实销售情况分析

按预定销售价格进行再制造机床的销售时,该企业三种机床的现实销售情况是,型号 A 销售顺畅,型号 B 销售情况符合预期,型号 C 却难以按预定的价格销售出去。通过市场调查分析发现,销售价格是造成这三种类型的再制造机床销售现状的主要原因。针对此原因,该企业对三种类型的机床销售价格进行调整。该企业的调整措施及调整效果,如表 4-9 所示。

表 4-9　　　　　　　　市场价格调查及调整措施和调整效果

项目	市场交易平均单价	销售价格与市场价格相比	调整措施	调整后的效果
型号 A	大约 6 万元/台	较低	提价 20%	销售势头仍很好
型号 B	大约 5 万元/台	持平	维持	销售状况稳定
型号 C	大约 3 万元/台	较高	降价 10%	销售情况仍不理想

资料来源:笔者根据数据整理计算而得。

针对调整后产品表现出的销售状况,企业进行了深入、广泛的调查,认定其定价模式符合目前普遍存在的再制造企业营销费用较大的特点,符合公认的定价策略。在这种情况下,企业管理层对其成本的真实性产生了质疑,决定采用其他成本核算方式重新进行成本计算。

4.5.3　基于标准成本法的再制造产品定价决策

标准成本法作为一个完整的成本控制系统,包含了标准成本的制定、成本差异的计算和分析,以及成本差异处理三部分。通过标准成本与实际成本相比,可以发现成本差异,为企业成本管理和成本控制提供依据。由于本小节涉及产品成本对产品定价的决策,因此,只考虑产品单位标准成本的确定,其他部分忽略。

4.5.3.1　产品单位标准成本制定

1. 直接材料标准成本制定

根据该再制造企业现有的技术条件,以及企业确定的直接材料用量标准和采购价格标准,分别确定型号 A、型号 B、型号 C 三种机床直接材料单位标准成本为 6 000 元/台、12 000 元/台、7 000 元/台。

2. 直接人工标准成本制定

根据该再制造企业现有生产工人的职业熟练程度，以及企业确定的直接人工用量标准和直接人工标准工资率，分别确定型号 A、型号 B、型号 C 三种机床直接人工单位标准成本为 10 000 元/台、9 500 元/台、6 000 元/台。

3. 制造费用标准成本制定

根据该再制造企业以往间接费用的发生情况，以及企业确定的制造费用发生标准和制造费用标准分配率，在考虑变动性制造费用和固定性制造费用的基础上，分别确定型号 A、型号 B、型号 C 三种机床直接人工单位标准成本为 8 000 元/台、15 000 元/台、12 500 元/台。

4.5.3.2 产品单位标准成本确定

根据构成不同产品成本项目的标准成本，三种型号的机床单位标准成本计算，如表 4 - 10 所示。

表 4 - 10　　　　　　标准成本法下的再制造机床产品成本

项目	型号 A	型号 B	型号 C
再制造数量（台/年）	50	100	150
直接材料标准额（元/年）	300 000	1 200 000	1 050 000
直接人工标准额（元/年）	500 000	950 000	900 000
制造费用标准额（元/年）	400 000	1 500 000	1 875 000
总成本标准额（元/年）	1 200 000	3 650 000	3 825 000
制造费用占总成本比重（%）	33. 33	41. 10	49. 02
单位标准成本（元/台）	24 000	36 500	25 500

资料来源：笔者根据数据整理计算而得。

4.5.3.3 产品单位销售定价

根据该企业的销售定价策略，三种型号机床在标准成本法下的预定销售价格计算如下：

型号 A 预定销售价格 = 24 000 × （1 + 40%） = 33 600（元）；

型号 B 预定销售价格 = 36 500 × （1 + 40%） = 51 100（元）；

型号 C 预定销售价格 = 25 500 × （1 + 40%） = 35 700（元）。

4.5.4　基于作业成本法的再制造产品定价决策

采用作业成本法，将再制造生产过程中的制造费用按作业动因进行分配，避免了传统制造成本法分配标准单一的情况，同时，结合直接材料费用和直接人工费用，可得出不同的再制造产品成本，为决策者提供有效的成本信息。[①]

4.5.4.1　作业成本法下再制造产品成本模型

根据表 4 - 7 的相关资料，基于作业成本法进行再制造产品的成本计算，该企业需要先将机床再制造生产过程划分为若干个作业中心，建立作业成本库，之后，将非直接性成本费用归集到各作业成本库中，最后，再将各作业成本库的费用分配给三种类型的机床产品。

明确再制造生产过程中消耗了哪些资源、执行了哪些作业项目，是准确分析、计算废旧物资再制造过程费用的前提。再制造过程耗费的资源即完成再制造作业项目所消耗的资源，所消耗的成本主要包含回收搬运费、能源消耗费、间接人工费、再制造设备折旧及维修费、辅助材料费、能源及动力分配费和其他费用。机床再制造是一系列工艺流程的集合，不同工艺所消耗的资源也不相同。对于机床再制造来说，主要包括的工艺流程，如表 4 - 11 所示。

表 4 - 11　　　　　　　　　　机床再制造工艺流程及其内容

工艺流程	内容
回收	包括回收废旧机床费用，以及运输、搬运等费用
拆卸	对回收的废旧机床整件及零部件性能检测和评估，确定再制造方案，进行机床专业拆卸
清洗	废旧机床的整件或零部件由于各种损耗因素或制造工艺因素，通常会存在油污、粘连、锈蚀等现象，需要采用机械、物理、化学等方式，根据材料材质特性，借助专用的清洗剂进行清洗。在清洗过程中，需要注意优先采用绿色环保的清洗介质，以防止对环境造成新的污染

---

① 张旭刚，敖秀奕，江志刚. 基于作业成本法的机床再制造成本分析 [J]. 制造技术与机床，2018（7）：25 - 28.

工艺流程	内容
检测及分类	根据零部件损伤及其特征理论，运用损伤特征检测技术和识别技术，对拆解清洗后的零件进行检测，通常的检测项目包括，零件内部缺陷的检测、传动装置精度检测、轴类零件动态平衡检测、机械振动有噪声检测等。检测后的零件需进一步进行分类，检测结果合格可直接利用的零件直接使用，无需进行加工；检测结果表明受损零件经济可修复的，再制造修复后利用；检测结果为不可修复或修复不经济的零件，无需修复作报废处理
设备耗费及维修	与机床再制造加工生产相关的各种设备折旧费及修理费用、修配费用
再加工及再装配	将经济可修复零部件再加工，对其性能修复、升级。将再制造可利用的零部件与自制、外购的零部件按照装配生产工艺、再装配生产工艺进行分装、总装。再装配过程须符合相应的技术规范标准
再制造调试及质检	机床整机再制造后，需要从外观质量、安全生产作业性能、各项精度要求、能源消耗指标、机床运行负荷等多方面进行调试与质量检验，使之达到合格品的基本要求
包装	将再制造机床进行符合环保要求的喷漆及包装等工序，以备销售
其他	与机床再制造生产车间日常管理相关的其他各项工作

资料来源：笔者根据刘飞. 绿色制造的理论与技术［M］. 北京：科学出版社，2005；张旭刚、孔勇，江志刚，等. C6132A1 机床再制造实践［J］. 制造技术与机床，2015（12）：36 – 40. 整理而得。

　　机床再制造过程中的直接材料耗费和直接人工耗费等花费，直接计入机床生产成本项目。通过对表4 – 11 的分析，机床再制造生产的9 个工艺过程作为作业中心，分别建立9 个作业成本库。由于企业在机床再制造过程中，多个作业中心均消耗了若干项资源，因此，需要将机床再制造过程中的资源耗费根据资源作业动因分配到不同的作业中心。基于上述分析，分别建立机床再制造作业成本库资源分配表和作业动因表，如表4 – 12、表4 – 13 所示。

表4 – 12　　　　　　　　　　**机床再制造作业成本库**

项目	辅助材料费	间接人工费	生产现场管理费	运输保管费	能源动力费	其他费用	合计
回收作业成本库	a_{11}	a_{12}	a_{13}	a_{14}	a_{15}	a_{16}	$\sum_{i=1}^{6} a_{1i}$

续表

项目	辅助材料费	间接人工费	生产现场管理费	运输保管费	能源动力费	其他费用	合计
拆卸作业成本库	a_{21}	a_{22}	a_{23}	a_{24}	a_{25}	a_{26}	$\sum_{i=1}^{6} a_{2i}$
清洗作业成本库	a_{31}	a_{32}	a_{33}	a_{34}	a_{35}	a_{36}	$\sum_{i=1}^{6} a_{3i}$
检测及分类作业成本库	a_{41}	a_{42}	a_{43}	a_{44}	a_{45}	a_{46}	$\sum_{i=1}^{6} a_{4i}$
设备耗费及维修作业成本库	a_{51}	a_{52}	a_{53}	a_{54}	a_{55}	a_{56}	$\sum_{i=1}^{6} a_{5i}$
再加工及再装配作业成本库	a_{61}	a_{62}	a_{63}	a_{64}	a_{65}	a_{66}	$\sum_{i=1}^{6} a_{6i}$
再制造调试及质检作业成本库	a_{71}	a_{72}	a_{73}	a_{74}	a_{75}	a_{76}	$\sum_{i=1}^{6} a_{7i}$
包装作业成本库	a_{81}	a_{82}	a_{83}	a_{84}	a_{85}	a_{86}	$\sum_{i=1}^{6} a_{8i}$
其他作业成本库	a_{91}	a_{92}	a_{93}	a_{94}	a_{95}	a_{96}	$\sum_{i=1}^{6} a_{9i}$
合计	$\sum_{e=1}^{9} a_{e1}$	$\sum_{e=1}^{9} a_{e2}$	$\sum_{e=1}^{9} a_{e3}$	$\sum_{e=1}^{9} a_{e4}$	$\sum_{e=1}^{9} a_{e5}$	$\sum_{e=1}^{9} a_{e6}$	$\sum_{e=1,i=1\cdots9} a_{ei}$

资料来源：笔者根据机床再制造过程中的资源耗费整理而得。

表 4 – 13　　　　　　　　　　　　作业动因

作业成本库	作业动因
回收作业成本库	回收订单数量（台）
拆卸作业成本库	拆卸工时（小时）
清洗作业成本库	清洗工时（小时）
检测及分类作业成本库	检测工时（小时）
设备耗费及维修作业成本库	机修工时（小时）
再加工及再装配作业成本库	设备工时（小时）
再制造调试及质检作业成本库	机床再制造数量（台）
包装作业成本库	机床再制造数量（台）
其他作业成本库	机床再制造数量（台）

资料来源：笔者根据机床再制造过程中的资源耗费整理而得。

因此，可以计算每一作业成本库的单位成本额，即作业动因分配率：

$$r_s = j_s / t_s \ (s = 1, 2, 3, \cdots) \qquad (4-3)$$

在式（4-3）中，r_s 表示作业成本库的作业动因分配率；

j_s 表示 s 作业成本库的总耗费额；

t_s 表示 s 作业成本库的作业动因总和。

根据以上假设，可得到各机床再制造产品的资源耗费额，即各产品应分配的制造费用额，计算公式如下：

$$C_{mn} = \sum_{s=1}^{9} r_s p_{ns}(s = 1,2,3,\cdots;n = 1,2,3,\cdots) \qquad (4-4)$$

在式（4-4）中，C_{mn} 表示 n 机床应分配的制造费用额；

p_{ns} 表示 n 机床消耗第 s 作业成本库的作业动因数。

综合机床再制造过程中的直接材料费 C_{km} 和直接人工费 C_{kn}，就可以得到该机床在作业成本法下的再制造总成本 C_{cn}，即：

$$C_{cn} = C_{km} + C_{kn} + C_{mn} \qquad (4-5)$$

4.5.4.2 作业成本法下机床再制造产品成本计算

根据表 4-7 某年度机床再制造生产成本记录所示，为了得到三种类型的机床再制造成本，需要在作业成本法下将再制造过程费用 3 828 000 元进行分配。具体计算过程如下：

1. 建立机床再制造作业成本库

根据表 4-11 机床再制造工艺流程及其内容确定的作业中心，将表 4-7 中的制造费用在各作业中心进行归集，可计算出机床再制造作业成本库费用分配，如表 4-14 所示。

表 4-14　　　　　　　**机床再制造作业成本库费用分配**　　　　　单位：元

作业成本库	辅助材料费	间接人工费	生产现场管理费	运输保管费	能源动力费	其他费用	合计
回收				280 341	159 578		439 919
拆卸	7 921		1 617	2 830	33 695	12 620	58 683
清洗	34 045		2 103	3 504	260 178	29 328	329 158
检测及分类	22 912		2 318	3 388	341 800	29 472	399 890
设备耗费及维修	94 672		2 432	2 312	192 375	842	292 633
再加工及再装配	245 433		6 626	14 584	454 022	53 291	773 956

续表

作业成本库	辅助材料费	间接人工费	生产现场管理费	运输保管费	能源动力费	其他费用	合计
再制造调试及质检	122 435		5 391	9 231	269 894	191 605	598 556
包装	15 095		2 561	429	4 874	6 961	29 920
其他	143 567	622 842	19 624	22 135	41 078	56 039	905 285
合计	686 080	622 842	42 672	338 754	1 757 494	380 158	3 828 000

资料来源：笔者根据数据整理计算而得。

2. 确定作业动因数

根据该机床再制造企业生产过程中的数据资料统计，三种型号机床再制造过程作业动因构成情况，如表 4 - 15 所示。

表 4 - 15　　　　　三种型号机床再制造过程作业动因构成情况

作业动因	型号 A	型号 B	型号 C	合计
回收（台）	50	100	150	300
拆卸（小时）	790	446	39	1 275
清洗（小时）	770	750	105	1 625
检测及分类（小时）	816	630	254	1 700
设备耗费及维修（小时）	570	480	200	1 250
再加工及再装配（小时）	2 420	1 560	170	4 150
再制造调试及质检（台）	50	100	150	300
包装（台）	50	100	150	300
其他（台）	50	100	150	300

资料来源：笔者根据调查数据整理而得。

3. 计算作业动因分配率

根据表 4 - 14 和表 4 - 15，各作业成本库的作业动因分配率计算，如表 4 - 16 所示。

表 4 - 16　　　　　计算各作业成本库的作业动因分配率

项目	作业成本库（元）	作业动因总量	作业动因分配率
回收（台）	439 919	300	1 466.40
拆卸（小时）	58 683	1 275	46.03
清洗（小时）	329 158	1 625	202.56
检测及分类（小时）	399 890	1 700	235.23
设备耗费及维修（小时）	292 633	1 250	234.11

续表

项目	作业成本库（元）	作业动因总量	作业动因分配率
再加工及再装配（小时）	773 956	4 150	186. 50
再制造调试及质检（台）	598 556	300	1 995. 19
包装（台）	29 920	300	99. 73
其他（台）	905 285	300	3 017. 62

资料来源：笔者根据数据整理计算而得。

4. 计算三种型号的机床再制造过程耗费

三种型号的机床再制造过程耗费的计算结果，即制造费用的分配结果，如表 4 – 17 所示。

表 4 – 17 计算三种型号的机床再制造过程耗费的制造费用 单位：元

作业成本	型号 A	型号 B	型号 C
回收	73 319. 83	146 639. 67	219 959. 50
拆卸	36 360. 45	20 527. 54	1 795. 01
清洗	155 970. 25	151 919. 08	21 268. 67
检测及分类	191 947. 20	148 194. 53	59 748. 27
设备耗费及维修	133 440. 65	112 371. 07	46 821. 28
再加工及再装配	451 318. 92	290 932. 86	31 704. 22
再制造调试及质检	99 759. 33	199 518. 67	299 278
包装	4 986. 67	9 973. 33	14 960
其他	150 880. 83	301 761. 67	452 642. 50
合计	1 297 984. 13	1 381 838. 42	1 148 177. 45

资料来源：笔者根据数据整理计算而得。

5. 汇总三种型号机床再制造产品总成本，并确定产品单位成本

根据建立的计算模型，分别汇总三种型号机床再制造产品的直接成本项目（直接材料及直接人工）和间接成本项目（制造费用），便可得到三种型号机床再制造产品的总成本。三种型号机床再制造产品总成本及产品单位成本计算，如表 4 – 18 所示。

表 4 – 18 三种型号机床再制造产品总成本及产品单位成本计算

项目	型号 A	型号 B	型号 C
再制造数量（台）	50	100	150
直接材料（元）	267 100	1 144 000	950 640

续表

项目	型号 A	型号 B	型号 C
直接人工（元）	495 900	936 000	913 360
制造费用（元）	1 297 984.13	1 381 838.42	1 148 177.45
总成本（元）	2 060 984.13	3 461 838.42	3 012 177.45
制造费用占总成本比重（%）	62.98	39.92	38.12
单位成本（元/台）	41 219.68	34 618.38	20 081.18

资料来源：笔者根据数据整理计算而得。

4.5.4.3 产品单位销售定价

根据该企业的销售定价策略，三种型号机床在作业成本法下的预定销售价格计算如下：

型号 A 预定销售价格 = 41 219.68 × (1 + 40%) = 57 707.55（元）；

型号 B 预定销售价格 = 34 618.38 × (1 + 40%) = 48 465.73（元）；

型号 C 预定销售价格 = 20 081.18 × (1 + 40%) = 28 113.65（元）。

4.5.5 基于作业流程的标准成本法下再制造产品定价决策

将作业成本法中的作业思想与标准成本法相结合，构成产品成本对象总成本的直接成本项目——直接材料、直接人工的耗费采用标准成本法进行核算；构成总成本的间接成本项目——制造费用—通过作业成本法进行核算。

通过表 4 – 10 可以获得直接材料标准额与直接人工标准额，通过表 4 – 18 可以获得作业成本法下的制造费用额。在基于作业流程的标准成本法下，三种型号机床再制造产品总成本及单位成本计算，如表 4 – 19 所示。

表 4 – 19　　　三种型号机床再制造产品总成本及单位成本计算

项目	型号 A	型号 B	型号 C
再制造数量（台）	50	100	150
直接材料标准额（元/年）	300 000	1 200 000	1 050 000
直接人工标准额（元/年）	500 000	950 000	900 000
制造费用（元）	1 297 984.13	1 381 838.42	1 148 177.45
总成本（元）	2 097 984.13	3 531 838.42	3 098 177.45
制造费用占总成本比重（%）	61.87	39.13	37.06
单位成本（元/台）	41 959.68	35 318.38	20 654.51

资料来源：笔者根据数据整理计算而得。

根据该企业的销售定价策略，三种型号的机床在作业成本下的预定销售价格计算如下：

型号 A 预定销售价格 = 41 959.68 × (1 + 40%) = 58 743.55 （元）；

型号 B 预定销售价格 = 35 318.38 × (1 + 40%) = 49 445.73 （元）；

型号 C 预定销售价格 = 20 654.51 × (1 + 40%) = 28 916.31 （元）。

4.5.6　再制造企业不同成本核算方式对比

成本核算作为现代成本会计发挥其基本职能，在企业经营管理中表现为两方面：一方面，是事后的成本记录与成本核算、成本分析管理；另一方面，是要满足现代成本管理服务企业经营的需要，将成本管理前移至事前与事中，拓展成本核算的职能。如成本预测、成本计划、成本决策、成本控制等。因此，保证成本资料的准确性，是再制造企业成本工作的基本要求。只有正确核算再制造产品成本，及时提供成本信息，才能满足再制造企业管理的需要。

4.5.6.1　不同成本核算方式对比结果

根据表 4 - 8、表 4 - 10、表 4 - 18 和表 4 - 19，汇总再制造企业三种型号机床再制造产品在不同成本核算方式下的对比，如表 4 - 20 所示。

表 4 - 20　　　三种型号机床再制造产品在不同成本核算方式下的对比

对比项目		型号 A	型号 B	型号 C
制造成本法	产品制造费用占总成本的比重（%）	33.41	42.4	50.66
	单位成本（元）	22 916	36 112	25 186.67
	预计售价（元）	32 082.40	50 556.80	35 261.34
标准成本法	制造费用占比（%）	33.33	41.1	49.02
	单位成本（元）	24 000	36 500	25 500
	预计售价（元）	33 600	51 100	35 700
作业成本法	制造费用占比（%）	62.98	39.92	38.12
	单位成本（元）	41 219.68	34 618.38	20 081.18
	预计售价（元）	57 707.56	48 465.74	28 113.66

对比项目		型号 A	型号 B	型号 C
基于作业流程的标准成本法	制造费用占比（%）	61. 87	39. 13	37. 06
	单位成本（元）	41 959. 68	35 318. 38	20 654. 51
	预计售价	58 743. 55	49 445. 73	28 916. 31

资料来源：笔者根据数据整理计算而得。

4. 5. 6. 2　对比分析

通过分析表 4 - 20 反映的基本情况，可以判断不同成本核算方式的可靠性。在此基础上，对可靠性较强的成本核算方式做进一步评述。

1. 基本情况对比

从表 4 - 20 可以直观地看到，再制造产品型号为型号 A 和型号 C 的两个品种，在制造成本法和标准成本法下确定的产品制造费用占自身总成本的比例近似，但与在作业成本法和基于作业流程的标准成本法下确定的比例则有明显不同。同时，参照企业通过市场调查分析得到的相同产品或类似产品市场交易价格，如表 4 - 9 所示，在制造成本法和标准成本法下，依据测算出的产品单位成本所确定的预计售价，与现实中产品的市场交易价格不相符。而根据作业成本法和基于作业流程的标准成本法下确定的产品单位成本为基础，制定的产品销售价格基本符合公开市场公允的平均交易价格水平。

以制造成本法和作业成本法为例，通过对比表 4 - 8 和表 4 - 18，结合上述基于作业成本法的再制造企业成本模型建立到测算的过程，可以发现采用传统的制造成本测算方法与采用作业成本法测算方法相比，三种型号机床再制造产品的总成本及分配计入不同型号机床再制造产品的制造费用额发生了截然不同的变化。其中，影响型号 A、型号 B、型号 C 三种型号机床再制造产品制造费用占各自总成本的比重情况分别为，上升近 30%、基本持平、下降近 13%，见表 4 - 20。继而可以看到，各型号机床再制造产品的单位成本发生了显著变化，按照既定的销售定价模式确定的销售价格也发生了显著变化。

综上所述，再制造企业采用作业成本法和基于作业流程的标准成本法进行成本核算时更为可靠和准确。

2. 再制造企业运用作业成本法评述

再制造企业在产品成本确定方面，与传统的成本计算方法相比较，应用作业成本法具有以下三方面的优势。

第一，可提供相对准确的成本信息，拓宽成本核算的范围。由于再制造生产过程有其特殊的工艺处理流程，作业成本法可以较好地避免传统成本计算中标准成本背离实际成本的现象，从成本对象与资源耗费的前后因果关系上入手，将间接费用按照资源动因进行作业分配，再以作业动因将作业计入相对的成本对象，真正建立起资源与成本对象的相互对应。作业成本法将作业、作业中心、作业动因、市场纳入成本核算的考虑范围，建立以作业为核心，由多个成本对象构成的成本核算体系，克服了传统成本计算假定的缺陷，突出了资源向成本对象转移的关键环节。作业成本法下成本计算分配基础多样化，间接费用的分配合理、精确，改善了传统成本计算法以单一分配标准分配间接费用所带来的使成本信息严重偏差的情况，便于相对准确地提供成本信息，有利于再制造企业全面地分析特定产品，以及各项作业在效益创造上的差别。

第二，作业成本信息有利于再制造企业杜绝浪费，有效改进企业战略决策。作业成本计算以成本动因分析为重点，剖析各作业中心资源耗费、成本发生和流向的前因后果，揭示了再制造企业回收、供应、生产、销售各个流程的基本作业活动改进和提高的路径，有利于控制作业流程中的不合理耗费，避免浪费，以提高再制造生产经营的整体经济效益。在作业成本计算法下，间接费用是通过成本动因追溯到各产品，而非均衡地在各产品间进行分配，因此，准确的成本信息有助于企业在产品定价、资源分配以及优化组合等战略决策上加以有效改进。

第三，便于调动各作业部门积极性，改进业绩评价体系。再制造企业采用作业成本核算时，产品成本计算的过程即为资源耗用流转的过程，成本计算的测算和监督与各作业部门成本控制同步执行，可以及时明确的、落实各作业部门成本管控职责，发现存在的问题，便于调动各作业部门进行高效成本控制的积极性、深挖效益创造的潜力。作业成本法通过各作业部门的作业信息，力图规避无效作业，提高增值作业效率。在评价各作业部门作业时，可以清晰地反映作业资源在最终价值中的作用，改进对各作业部门的业绩评价体系，为改进作业管理、优化资源配置提供有用信息。

虽然作业成本法实行起来有诸多优点，但再制造企业执行作业成本法也有其局限性，主要有以下四个方面。

第一，作业成本动因选择具有主观性。作业成本法下成本计算的目的是更合理、更全面、更准确地将各项作业耗费分配到相应的作业产品成本中，因此，再制造企业在成本计算的过程中，需要确定各项资源耗费和作业，并设立各个作业成本库，在此基础上，为每个作业成本库确定最佳的成本作业动因。在这个过程中，再制造企业不可避免地会带有一定程度的主观判断。比如，选择的成本作业动因，除了客观和可具备有效验证的项目之外，甚至会有难以恰当选择、完全依靠实际操作人员经验来确定的项目。例如，在再制造产品生产时，为各产品生产所发生的诸如固定资产租赁费用支出、机器厂房购置资本化利息支出等固定性成本支出项目，企业选择合适的成本作业动因就有一定困难。正是由于作业成本动因选择主观性的存在，不可避免地会使决策具有一定的武断性，还使人为成本操纵、效益粉饰具有了一定的空间。

第二，作业成本计算实施要求高、费用大。再制造企业生产流程复杂，全面实施作业成本法需要再制造企业建立一套庞大的系统工程，需要建立涵盖供产销等生产系统和财务系统、管理系统、信息系统等组成的系统工程综合体。尤其是在再制造企业业务量大、生产经营过程复杂的情况下，不仅要求再制造企业做大量的基础性工作，还要求有能力对这个系统工程加以管理分析，随时应对生产经营环节变化、技术创新、产品结构调整等的改变对作业的重新划分或重新调整。因此，作业成本计算方法对再制造企业的能力提出了较高要求，需要再制造企业配套较大的费用预算。

第三，作业成本计算的实施降低了成本的可比性。可比性是会计信息质量上的要求，是规定企业在进行会计核算时，需要按照一定的会计处理方法进行，会计指标口径应当一致，以保证会计信息在同一企业的不同时期和不同企业的同一时期可以相互进行比较和利用，即做到会计信息的纵向可比和横向可比。

对于作业成本法与传统的制造成本法比较而言，在产品成本的包含内容以及费用消耗的分配原理上都存在很大差别。两者对费用消耗分配原理的差别，前面章节已进行了分析和比较，不再赘述。就产品成本所包括的内容来说，在传统的制造成本法下，产品成本通常只包括直接成本项目的直接材料、直接人工和间接成本项目的制造费用；而作业成本法下的产品成本内涵广泛，包括所有为生产该产品而发生的费用，即"全部成本"的产品成本概念。因此，在两种成本核算系统下，同一企业所取得的产品成本信息会有差别，同一种产品的成本信息在不同企业间也会有差别。毋庸置疑，这种产品成本信息上的差别，必然会对企业资产价值计量以及损益计算带来变化，而这些变化使得再制造企业前后期的会计信息以及与其他企业同期的会计信息缺乏可比性。

第四，作业成本法实施的其他不足之处。再制造企业在实施作业成本核算的方式下，可能还会表现出其他不足之处：比如，无法直接将再制造资源要素与作业之间建立对应关系或配比关系；无法反映成本性态之间的变化关系；无法解决因再制造生产能力富余而导致的成本偏高问题等。

3. 再制造企业运用基于作业流程的标准成本法评述

基于作业流程的标准成本法，是将标准成本法和作业成本法进行融合和改良。它的优势体现在以下三方面。

第一，标准成本法和作业成本法结合具有合理性和可行性。标准成本法在成本预测、成本控制等方面具有优势，作业成本法在处理间接成本分配方面具有优势。两种方法的结合既能够实现成本控制的目的，也能够实现准确核算成本的目的；既能够反映形成每项作业成本差异的因素，也能够有针对性地反映解决成本差异的措施。二者结合具有一定的合理性。此外，标准成本法和作业成本法结合，还具有一定的可行性。环境适用、构建基于作业流程的标准成本制度原则与方法，是二者结合的必要条件。①

第二，标准成本法和作业成本法结合，兼顾企业短期决策与长期决策。标准成本法下较多地体现为企业短期经营成本情况，作业成本思想可以从企业整体的长远经营考虑，能够体现出企业长期经营成本情况。从短期来看，有利于企业以标准成本控制产品成本；从较长时期来看，有利于企业依据市场环境把握成本定价权。因此，二者的结合，兼顾了再制造企业短期经营决策与长期经营决策对成本的依赖。

第三，标准成本法和作业成本法结合，可在一定程度上避免成本偏差。标准成本法和作业成本法结合，能够将较为复杂的再制造生产流程中所涉及的全部环节和全部部门都包括进去。基于作业流程的标准成本法，一方面，对直接材料的标准成本和直接人工的标准成本进行预算；另一方面，对发生在产品生产全过程中的制造费用进行作业分配。因此，各环节、各部门经过生产作业流程优化，能够更真实地反映产品的成本信息，避免成本偏差。并且，可以控制资源消耗，降低产品标准成本，提升作业绩效。

然而，基于作业流程的标准成本法在再制造企业实施中也有一定的局限，在运用中表现为以下两个方面。

第一，构成再制造产品成本仍可能存在不准确性。即使标准成本法和作业成本法相结合，直接材料、直接人工的标准价格以及耗用量标准的确定可能仍然缺乏科学性，由此可能会造成价格差异及耗用差异的失真。而作业流程或项目配置的不合理，可能会造成制造费用归集的偏差。这些可能性的存在，最终都会导致再制造产品成本核算的不准确性。

第二，基于作业流程的标准成本系统构建不完整，无法达到成本控

---

① 郭敏捷. 基于作业流程的标准成本法在制造业中的应用研究 ［D］. 上海：华东理工大学，2014.

制目的。再制造企业构建基于作业流程的标准成本系统，需要在传统标准成本制基础上加强作业成本管理理念，真正认识并执行"作业才是成本的基础，才是成本管理的重点"这一核心内容。不以作业为基础制定的标准，无法使标准接近真实的成本，降低了标准成本的有效性及适用性。如果不能细化作业，构建基于作业流程的标准成本系统，就会不成熟、不完整，就无法达到成本控制的目的。

新技术革命和日趋激烈的市场竞争使再制造企业的经营管理方式发生改变，对传统的成本计算方法产生前所未有的冲击。作业成本法的产生和应用，以及基于作业流程的标准成本法的兴起，都与新制造环境下的成本构成内容变化密切相关。满足再制造企业经营管理的需求，是成本核算的根本性要求。现代化的企业管理，要求成本核算工作由以产品为中心转变为以作业为中心，建立起一个以作业为基本对象的、科学的成本信息系统，使之贯穿于作业管理的全过程。在此基础上，对作业活动进行动态跟踪反映、提供相关作业成本信息，并建立一系列科学、有效的决策、计划、控制、分析和考评机制，以促进再制造企业管理水平的提高。

4.6　本章小结

再制造产品价格是再制造企业获取市场竞争力的重要因素，产品成本的核算分析对产品价格的制定尤为重要。由于再制造企业的生产特点和经营管理的要求，不同的成本核算方式对再制造产品成本的计算有较大差异。

第一，本章分析了相对于一般生产企业，再制造企业在进行成本核算时需要考虑的因素：一是再制造企业生产链条较长，其中，某些环节还可能出现反复、调拨等多项程序。从成本核算的账务处理角度来讲，成本需要经过多次结转，降低了成本结转的工作效率。二是再制造产品的生产方式特殊，制造最终产品所使用的标准物料清单难以在再制造过程中获得，再制造企业难以采用或不适用定额法与标准成本法这样的成本核算方法。三是再制造过程中使用的零部件状况，如成新度、技术可修复程度等不尽相同，即使是同一批次的再制造产品按照统一的成本标准来核算也会有较大偏差。四是在生产过程中，对废旧零部件的利用效率不同，会影响最终产品的成本。

第二，根据制造成本法，分析了再制造企业产品成本管理与核算模块和其他模块之间的关联，给出了相关环节的会计分录，总结了再制造企业运用制造成本法核算成本时需要注意的事项。

第三，基于标准成本法的定义和标准成本的制定原则，论述了标准成本法的主要内容：一是标准成本的制定；二是成本差异的计算和分析；三是成本差异处理，总结了再制造企业运用标准成本法进行成本核算时的注意事项。

第四，与传统的成本计算方法相比较，归纳出作业成本法的特点，主要有，以作业为成本计算的中心；设置成本库归集成本；按多标准分配成本。在此基础上，给出了基于作业成本法的再制造企业产品成本核算步骤和流程图，总结了再制造企业运用作业成本法进行成本核算时的注意事项。

第五，以某废旧机床再制造企业为例，分别采用制造成本法、标准成本法、作业成本法以及基于作业流程的标准成本法对再制造产品进行成本核算，来验证不同的成本核算方式对再制造产品定价决策以及再制造企业生产经营的影响。通过对比发现，采用作业成本法和基于作业流程的标准成本法，与采用制造成本法、标准成本法相比较，三种型号机床再制造产品的总成本及分配计入不同型号机床再制造产品的制造费用发生了较大变化，按照既定的销售定价模式确定的预计销售价格也会发生显著变化。根据作业成本法和基于作业流程的标准成本法下核算的产品单位成本为基础，制定的产品销售价格更符合公开市场公允的平均销售价格水平。

第5章　考虑筹资因素的再制造企业生产决策研究

科学技术的进步及飞速发展，极大地缩短了产品的生命周期，使产品更新换代速率越来越快，由此产生大量的废旧物资，因废旧产品物资废弃和浪费所带来的污染问题也日益突出。随着绿色可持续发展意识和理念的不断增强，废旧产品回收再制造技术及产业也越来越受到政府、企业界、环保公益组织和学术界的关注与重视。政府通过行政立法及规章制度加以约束，促进企业提高废旧产品的回收、利用水平；企业出于竞争及良性发展等需要，主动参与废旧产品的再加工、再生产处理；环保公益组织对企业的公益性监督，一方面，树立低碳生产企业的优良形象；另一方面，对未进行低碳生产的企业施加舆论影响，以促进其低碳循环制造。

对废旧产品物资回收再制造，一方面，可以实现废旧资源的"重生"；另一方面，可以降低对环境的污染，是企业生产实践中实现循环经济与低碳经济共同发展的典型生产模式。随着我国市场经济的不断壮大，企业之间的竞争日趋激烈，发展既符合低碳经济又拥有良好产品性能和低成本优势的再制造产品，成为众多企业的首选，也成为企业新的发展契机。然而，企业选择再制造往往面临着资金短缺的现实问题。对于再制造企业而言，保证资金链的完整性、能够筹集足够的资金并灵活地运用这些资金，是其生存与发展的前提。资金筹集既是再制造企业生产经营活动的起点，也是其财务管理的重要内容。因此，有必要研究在碳减排机制下考虑筹资因素的再制造生产决策问题。

5.1　筹资理论

5.1.1　再制造企业筹资作用

企业筹资活动是企业经营环节中的重要一环，是企业一切活动的根本。对再制造企业来说，筹得的资金可以满足其对再制造生产经营运作、投资、资本结构调整等各方面的需要。一般来说，再制造企业筹资作用的发挥主要体现在以下三个方面。

5.1.1.1　筹资可以为再制造企业生产经营运转保驾护航

为了保证再制造企业日常生产经营活动正常开展而进行的筹资活动，是企业财务管理的核心，关系到再制造企业日常的生产经营能力和业务支付能力的正常运作。从某种意义上来说，它决定着企业资金运动的规模和生产经营发展的程度。因此，再制造企业在日常生产经营活动过程中，必须维持一定数额的资金，用以满足再制造企业生产经营活动的波动对资金的需求。

5.1.1.2　筹资可以为再制造企业投资发展提供支撑

再制造企业在不断发展壮大的成长时期，往往会面临稍纵即逝的生产投资机会。对内扩大生产经营规模、对外增加生产投资等都需要大量的资金作为支撑。

5.1.1.3　筹资可以发挥促进再制造企业资本结构调整优化的作用

来源于债权性资金和权益性资金的资本比例，即产权比例，可以反映再制造企业的财务结构状况：企业产权比例高是高风险、高回报的财务结构；反之，则是低风险、低报酬的财务结构。短期筹资资本和长期筹资资本的比例关系则反映的是，再制造企业全部资本的期限结构。资本的期限结构会对再制造企业的风险、收益产生一定影响，调整优化资本结构，通过合理搭配长、短期筹资的比例，满足再制造企业对资金的需求。

筹集再制造企业发展所需要的资金，是再制造企业发展目标对财务管理提出的要求。再制造企业在国家宏观政策调控下，需要按照市场经济运行法则，通过自主组织生产经营活动，提高经济效益、实现资产的保值增值，降低破产风险，使企业能够长期、稳健地在市场竞争中生存，是再制造企业的一项最基本目标。此外，作为最能反映再制造企业综合能力的指标——盈利状况，不但体现了再制造企业生产经营活动的出发点和归宿，还可以概括地表现其他目标的实现程度。因此，通过合理、有效地利用资金，促进再制造企业获取利润，是财务管理对筹资提出的基本要求。

5.1.2　再制造企业筹资动机

再制造企业在持续的生存与发展中，通常由特定的筹资动机驱使其具体的筹资活动。由于再制造企业经营对资金需求具有复杂性，企业筹资的具体动机呈现出多样性。一般地，再制造企业筹资动机表现为四个方面。[①]

5.1.2.1　维持性筹资动机

再制造企业在实际生产经营中，每一轮资金循环收回的资金与下一轮资金循环所需要的资金，在资金的表现形态和数量上常常是不完全一致的；资金收回期与资金需求期通常也不完全衔接。由此可能产生企业再制造生产经营活动中的资金临时性短缺问题，因此，为维持正常的经营需要，再制造企业要不断地筹集资金。

5.1.2.2　扩张性筹资动机

扩张性筹资动机是再制造企业因扩大生产经营规模或增加对外投资

---

① 杜勇．财务管理（第 5 版）［M］．北京：清华大学出版社，2019.

而产生的追加性筹资动机。再制造企业必须稳定并增强其在激烈市场竞争中的竞争力，研发适销对路的新产品，拓展企业生产经营领域，投资或追加有利的对外项目，满足企业对经济效益的无限追求等，都会产生扩大生产经营规模以及寻找并把握投资机会的现实需要。再制造企业在生产经营过程中的这些策略，都需要以资金的投放作为保证。因此，具有良好的发展前景、处于成长期的再制造企业会有扩张性的筹资动机。

5.1.2.3　调整性筹资动机

再制造企业因调整现有资本结构而产生的对资金筹集的需要，为调整性筹资动机。再制造企业的资本表现为各种形态的资产，来源于企业的债权人和所有者的投入，资本结构即为企业债权人权益资本与所有者权益资本的比例结构。通过筹资，可以获得适合再制造企业最佳债权人权益资本与所有者权益资本的比例结构。良好的资本组合结构，可以达到降低再制造企业财务风险、降低企业资本成本，以及获取企业财务杠杆利益的最优效果。

5.1.2.4　混合性筹资动机

再制造企业作为一个有机的经营活动主体，其经营策略需要兼顾全面、重点突出。再制造企业在经营活动中，既有扩大经营规模、增加投资的需求，又有调整资本结构的需求，产生的筹资动机即为混合性筹资动机。

从资本运作角度出发，再制造企业为了今后的可持续性发展，必须寻找并培育新的利润增长点。再制造企业开展低碳再制造生产，顺应了时代的发展，也符合企业的发展思路，在此过程中，需要及时、充足的资金来护航，保证再制造生产项目的顺利实施。

5.1.3　再制造企业筹资渠道和筹资方式

再制造企业筹集资金需要通过一定的渠道、采取一定的方式进行。资金筹集渠道是再制造企业筹集资金的来源或途径，解决的是企业资金从哪里来的问题，体现着资金的源泉和流量。目前，再制造企业资金筹集的主要渠道有：国家财政资金、银行信贷资金、非银行金融机构资金、其他企业资金、企业内部资金、民间资金、境外国家或地区资金等。资金筹集方式是再制造企业筹集资金时所采用的具体形式，解决的是企业如何取得资金的问题，体现着资金的属性和期限。目前，我国再制造企业筹集资金的方式主要有，吸收直接投资、发行股票、发行债券、银行借款、商业信用、融资租赁、内部积累等。

再制造企业筹集资金的渠道和方式有着密切的关系，再制造企业在筹资时，必须实现二者的合理配合。筹资渠道和筹资方式的配合包括两种类型：一种类型是二者的单一配合形式，即某种筹资渠道只适用于某种特定的筹资方式，一定的筹资方式可能只适用于某一特定的筹资渠道；另一种类型是二者的多样配合形式，即同一筹资渠道的资金可以采取多种筹资方式获得，同一筹资方式往往也可以适用于不同的筹资渠道。再制造企业筹资渠道和筹资方式相配合的对应关系，如表 5 – 1 所示。

表 5 – 1 　　　　再制造企业筹资渠道和筹资方式的对应关系

筹资渠道	吸收直接投资	发行股票	发行债券	银行借款	商业信用	融资租赁	内部积累
国家财政资金	√	√	—	—	—	—	—
银行信贷资金	—	—	—	√	—	—	—
非银行金融机构资金	√	√	√	√	—	√	—
其他企业资金	√	√	√	—	√	√	—
企业内部资金	—	—	—	—	—	—	√
民间资金	√	√	√	—	—	—	—
境外国家或地区资金	√	√	√	—	—	√	—

资料来源：笔者根据定义整理而得。"—"表示不包含此筹资方式。

筹资渠道客观存在，筹资方式则是再制造企业的主观能动行为。再制造企业资金筹资方式的选择，取决于再制造企业资金的组织形式、对金融工具的开发利用程度等。再制造企业筹集资金管理的重要内容是根据客观存在的筹资渠道，选择合理的资金筹集方式，实现筹资方式与筹资渠道的优化组合，及时、有效地筹集资金。随着经济、技术等的发展，筹资渠道和筹资方式会有新的变化，再制造企业也可适时调整筹资策略，通过筹资渠道与筹资方式的配合，达到最佳的筹资目的。

5.1.4　再制造企业常用筹资工具

5.1.4.1　短期借款

在我国，再制造企业为了满足生产经营资金周转的需要，在流动资产计划占用额范围内，经常通过银行取得短期借款以弥补流动资金的不足。短期借款成为绝大多数企业短期资金的首要来源。

一般地，按照银行业通行的做法，企业从银行取得短期借款时往往会被附加一定的限制性信用条件，主要包括信贷限额、周转信贷协议、补偿性余额、借款抵押、偿还条件和其他承诺等。银行不同的限制性信用条件对再制造企业的影响，如表 5 - 2 所示。

表 5 - 2　　　　不同限制性信用条件对再制造企业的影响

限制性信用条件	对再制造企业的影响
信贷限额	一般地，再制造企业在批准的信贷限额内，可以随时使用银行借款；但再制造企业信誉恶化，银行可以终止提供贷款
周转信贷协议	在协议有效内，只要再制造企业的借款总额未超出最高限额，银行必须满足其在任何时候提出的借款要求；但再制造企业通常需要就贷款限额内的未使用部分支付给银行一定比例的承诺费
补偿性余额	再制造企业需要按银行的要求，在银行中保持按贷款限额或实际借用额一定百分比（一般为 10% ~20%）的最低存款余额。对于再制造企业而言，提高了借款的实际利率负担成本
借款抵押	再制造企业需要将应收账款、存货、股票、债券等抵押给银行，根据抵押品的变现能力及银行偏好，一般可获得抵押品面值 30% ~90% 的贷款金额；同时，再制造企业还需要向银行支付一定的手续费用；并且，由于再制造企业向银行提供实物资产抵押品或证券资产抵押品，通常会限制其财产的使用权利和将来的借款能力
偿还条件	借款到期一次性偿还和贷款期内定期等额偿还是两种基本的偿还方式。前一种偿还方式会加重再制造企业到期的财务负担；后一种偿还方式会提高再制造企业借款的实际利率水平。无论哪种偿还方式，贷款到期后再制造企业若无力偿还，将被视为逾期贷款，银行要照章加收逾期罚息
其他承诺	再制造企业为取得借款，有时还会被银行要求做出其他承诺。比如，及时提供财务报告、保持适当的负债水平、新增负债的告知义务等。如果再制造企业违背承诺，银行有权要求其立即偿还全部借款本息

资料来源：笔者整理而得。

再制造企业在承担短期借款时，银行给予的利率主要分为三种：优惠利率、浮动优惠利率、非优惠利率。优惠利率通常是财力雄厚、经营状况良好的企业可能享受的利率，是贷款利率的最低限。浮动优惠利率是随短期利率变动而浮动的优惠利率，是一种根据市场条件的变化而随时调整变化的优惠利率。非优惠利率是不享受优惠待遇的利率，通常是在优惠利率的基础上加上一定的百分比得来。

此外，银行要求再制造企业借款利息的支付方式也多种多样，主要包括利随本清方式、贴现方式以及加息方式等。利随本清方式是再制造企业在短期借款到期时一次性向银行支付借款的本金和利息。在这种方式下，再制造企业实际承担的利率水平与银行的名义利率水平相同，不会增加企业额外的利息负担。贴现方式是再制造企业从银行取得借款时，银行先从贷款本金中扣除利息部分，在借款期满时，再制造企业再向银行偿还全部借款本金的方式。在这种方式下，由于再制造企业从获得的借款本金中预先支付了借款产生的利息，实际使用的本金额少于到期偿还的借款本金额，因此，再制造企业实际承担的利率水平高于银行的名义利率水平。加息方式是银行与再制造企业在约定的分期等额偿还贷款的情况下，银行根据名义利率计算的利息额和贷款本金额合计数，要求再制造企业在贷款期内分期还本付息。在这种方式下，由于在贷款期内贷款本息分期偿还，再制造企业实际上只平均使用了贷款本金额的一半，却需要全额支付贷款利息，因此，再制造企业实际承担的利率水平是银行名义利率水平的两倍。

5.1.4.2 商业信用

在传统"钱货两清"的结算机制下，企业之间不存在信用行为，购买者须当即付款。但随着市场经济的发展，商业信用已逐渐成为企业提升竞争力的主要手段，并且商业信用限制条件较少、成本低，越来越多的企业通过合理运用商业信用，使之成为企业筹集短期资金的重要方式和来源。

再制造企业利用商业信用筹资，主要发生在再制造企业的采购环节和销售环节。在采购环节，表现为赊购商品，即先收货，后付款模式。赊购商品是一种极具典型性且最常见的商业信用形式，一般通过应付账款和应付票据等进行结算。在销售环节，表现为预售商品，即先收款，后发货模式。预售商品通常通过预收账款等进行结算，对卖方来说，预收账款相当于向买方借用资金后用货物抵偿，是另一种典型的商业信用形式。

在市场经济的交易过程中，销售方为促进销售并回笼资金，会对购买方的付款期限和可享受的现金折扣做出一定的具体规定，即为商业信用条件。商业信用条件主要包括以下三种类型。

1. 预收货款

这种信用条件的发生，一般是由于销售方对购买方的信用缺乏了解或表示怀疑，或者销售的商品生产周期较长、价值较高等情况，需要购买方预先垫支一部分资金或全部资金，而销售方则可以暂时获得资金的使用。

2. 按交易发票票面金额付款，无现金折扣

在这种信用条件下，销售方允许购买方在交易发生后的一定时期内支付交易金额，无论购买方是否提前付款，仍以交易发票登载的票面金额如数付款，无现金折扣。

3. 按发票票面金额付款，但及早付款有一定的现金折扣

在这种信用条件下，销售方仍然允许购买方在交易发生后的一定时期内支付交易金额，但是如果购买方提前付款，销售方可给予一定的现金折扣优惠；如果购买方放弃享受现金折扣，则可以在较长的允许延期支付时间内占用销售方的资金，但同时会承担因放弃现金折扣而造成的利息成本；如果购买方的付款时间超过了信用期限，那么，购买方既要承担因放弃现金折扣而造成的利息成本，也要承担因信用缺失可能带来的无形成本。

购买方放弃现金折扣的成本计算公式为：

$$C_f = \frac{k}{1-k} \times \frac{365}{T_{信用} - T_{折扣}} \qquad (5-1)$$

在式（5-1）中，C_f 表示放弃现金折扣的资本成本率；

k 表示现金折扣率；

$T_{信用}$ 表示信用期；

$T_{折扣}$ 表示现金折扣期。

从式（5-1）可以看出，购买方放弃现金折扣的资金成本率与现金折扣率的大小、现金折扣期的长短呈同方向变化，与付款信用期的长短呈反方向变化。因此，企业放弃现金折扣的资金成本率通常比较高。

在商业信用条件下，再制造企业可以享有现金折扣、放弃现金折扣、逾期付款。放弃现金折扣会产生放弃成本，如果放弃享受现金折扣的成本率与银行借款利率相比较，前者大于后者，那么，再制造企业付出的代价较大，会对再制造企业产生不利影响。因此，再制造企业信用筹资管理的重点是如何扩大筹资数量、"免费"地使用他人资金，与尽可能地享有现金折扣、减少机会成本之间作出权衡与抉择。

5.1.4.3 权益资本筹资

权益资本是再制造企业通过依法筹集的、可以长期拥有、能够自主调配使用的资本，也称为自有资本或自有资金。一般地，再制造企业权益资本通常包括所有者的投入资本（股本）和留存收益两大部分，具体包含股本金、资本公积金、盈余公积金以及未分配利润等。

再制造企业权益资本筹资的方式主要有两种：吸收直接投资和发行普通股筹资。其筹资的特点，如表 5-3 所示。

表 5-3　　　　　再制造企业不同权益资本筹资方式的特点

权益资本筹资方式	优势	劣势
吸收直接投资	有利于增强再制造企业信誉；有利于再制造企业尽快形成生产能力；有利于降低再制造企业财务风险	资本成本较高；再制造企业控制权容易分散；产权关系不明确

权益资本 筹资方式	优势	劣势
发行普通 股筹资	能增强再制造企业信誉；筹资风险较 小；没有固定的股利支付负担；没有固 定的到期日，一般无需偿还	资本成本较高；普通股发行费用较高； 容易分散再制造企业控制权

资料来源：笔者根据定义整理而得。

5.1.4.4　债权资本筹资

债权资本是再制造企业通过依法筹集、依据约定使用、必须按期偿还的资本来源。债权资本是再制造企业向债权人背负的一项长期债务资本，债权人有权要求再制造企业根据债务协议或合同按期还本付息。一般地，再制造企业长期债权资本筹资通常包括，发行企业债券筹资、长期借款筹资、租赁筹资三种方式。不同债权筹资方式的特点，如表5-4所示。

表 5-4　　　　　　　　再制造企业不同债权筹资方式的特点

债权资本 筹资方式	优点	缺点
发行债券 筹资	资本成本较低；能够发挥财务杠杆作用；不会分散再制造企业的控制权，可以保障股东的控制权；便于调整企业资本结构	财务风险较高；发行限制条件较多；筹资额度有限
长期借款 筹资	筹资速度快；借款成本较低；可获得财务杠杆利益；借款弹性较大	筹资风险较高；附加限制条件较多；筹资数量有限
租赁筹资	能迅速获得所需要的资产，集"融资"与"融物"于一体，可使再制造企业尽快形成生产经营能力；限制条件较少；可免遭固定资产陈旧过时带来的风险；租赁期内还本负担较轻；租金具有抵免所得税的作用	租金总额通常高于租赁物价值，资本成本较高；固定的租金可能成为再制造企业一项沉重的负担；租赁筹资方式下如不能享有租赁物残值，可视为承租企业的一种机会损失；税制改革对租赁双方表现为一场博弈，影响着租赁双方的税负

资料来源：笔者根据筹资方式特点整理而得。

5.1.4.5 其他筹资

再制造企业在一般性权益资本筹资和长期债权资本筹资工具之外，还有一些筹资工具兼具权益资本筹资和债权资本筹资双重性质的特点，主要包括优先股筹资、发行可转换债券筹资、发行认股权证和债券分离的可转换公司债券等。

优先股是一种特别的股票，同普通股一样也属于企业的一项自有资本，没有偿还期限，对股利的支付具有一定的灵活性；优先体现为股利分配权的优先和分配企业剩余财产的优先；同时，优先股筹资又具备一些债券筹资方面的特征。

可转换债券是可以转换为普通股股票的债券。再制造企业通过发行可转换债券筹资，在转换前需要按期支付债券利息，如果未转换，到期需偿还债券本金；如果在期限内转换，则具有普通股筹资的性质。

认股权证和债券分离的可转换公司债券，是再制造企业发行的一种普通债券附加认股权证的组合，通常也称为认股权证公司债。发行企业通过提升企业经营业绩，可以为认股权证的顺利行权、实现二次股权筹资创造条件。

此外，经济社会的发展变革，涌现出了新型融资渠道。比如，私募基金融资、金融衍生品、供应链融资、风险投资基金融资、ABS 融资、天使投资资金、境外贸易融资等，多样的融资渠道给再制造企业筹资提供了更多选择。

5.2 再制造企业生产过程中的资金形态变化

再制造企业日常经济业务中主要的交易或事项是产品的回收再制造和销售。在生产经营过程中，再制造企业先要用货币资金购建固定资产并回购原材料；在再制造产品生产阶段，需要不断耗用原材料、人工费以及其他生产资料；再制造产品完工，通过对外销售收回资金。再制造企业的资金依次经历供应阶段、生产阶段和销售阶段，并在资金形态上发生相应变化，形成资金的循环，周而复始的资金循环即为资金周转。再制造企业资金运动循环周转，如图 5 – 1 所示。

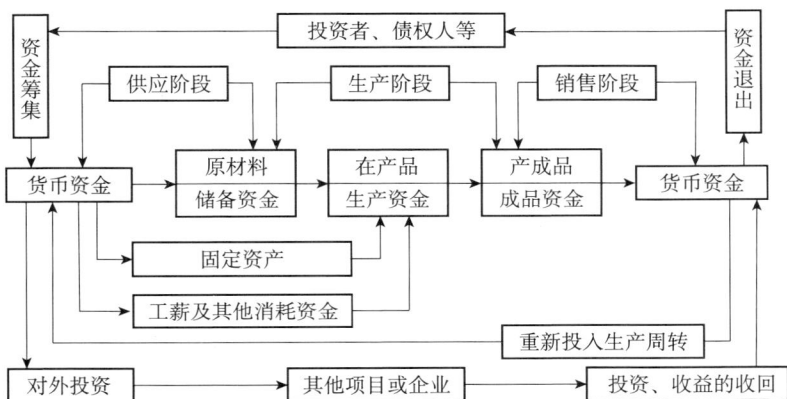

图 5 – 1   再制造企业资金运动循环周转

资料来源：根据李占国. 基础会计学（第三版）［M］. 北京：高等教育出版社，2017：10. 绘制而得。

5.2.1   生产准备过程中资金形态变化的交易或事项

再制造企业要进行产品生产，就必须购置机器设备、建造厂房等生产性固定资产，回收、购买和储备一定品种和数量的原料、消耗性材料等存货。因此，在该阶段，需要保证一定量的货币资金以投入生产准备。再制造企业固定资产购建和原材料购置交易或事项的会计核算简化"T"型账，分别如图 5 – 2、图 5 – 3 所示。

5.2.2   生产过程中资金形态变化的交易或事项

再制造企业产品生产过程的实质是对资产的一种耗费，或者表现为债务的形成，二者都是在产品生产运作过程中所发生的经济利益的流出，

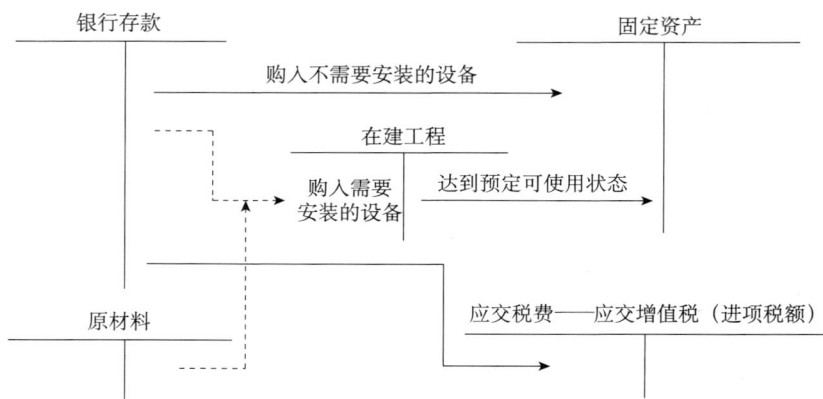

图 5 - 2　再制造企业固定资产购建简化"T"型账

资料来源：笔者绘制。

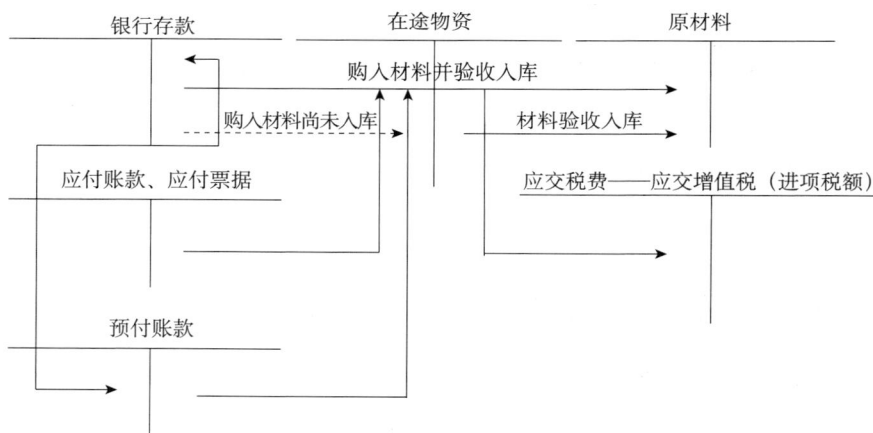

图 5 - 3　再制造企业原材料购置简化"T"型账

资料来源：笔者绘制。

具体包括，材料费、燃料动力费、工资薪酬费、利息支出、成本费用性税金、其他支出等。因此，生产费用的发生、归集和分配，以及产品成本的形成等交易或事项，构成了再制造企业产品生产阶段的主要内容。生产阶段主要经济内容的会计核算简化的"T"型账，见第 4 章图 4 - 1所示。

5.3　碳减排机制下考虑筹资因素的再制造企业生产决策

二氧化碳和各类污染物排放给经济和社会的发展带来了严重影响，温室气体减排等环保问题受到了越来越多的关注，各国、各地区陆续出台了一系列碳排放及相关政策，通过碳排放计划的制定和实施，提高碳排放企业自觉减排的主动意识，以期降低污染物及温室气体碳排放对人类社会和经济产生的影响。[①] 对碳排放经济主体，尤其是制造业实施碳排放限制，诸如征收碳税、制定强制性碳排放限额、碳排放的许可与交易政策等，这些外部成本往往要转嫁到制造业企业产品的生产上，形成外部成本的内部化，增加产品成本额。对再制造企业产品竞争而言，一方面，面临着现有制造业同类型产品的竞争；另一方面，也承担着自身对外部成本内部消化转移的压力。所以，再制造企业需要考虑自身能够掌握的资源以实施最佳的生产计划。但现实情况是，再制造企业能够拥有或控制的资源常常表现为有限的、稀缺的，特别是作为再制造企业最重要的生产经营资源——货币资金，常常表现为资金流的紧张。因此，在碳减排机制下，再制造企业如何确定产量计划并安排资金投入生产策略，以获取竞争优势、创造企业利润最大化，是再制造企业面临的一个重要挑战。

5.3.1　问题描述与假设

在碳减排机制下，政府及宏观管理部门对企业碳排放的各项约束性条件构成了企业的一项成本，因此，再制造企业在考虑生产经营利润时，

---

① Barretoa L. Emissions trading and technology deployment in an energy-systems "bottom-up" model with technology learning [J]. European Journal of Operational Research, 2004, 158 (1)：243 – 261.

需将这项外部成本内部化。故而在考虑再制造企业生产经营利润的模型中，需要在产品市场销售收入的基础上扣减产品生产制造时的固定成本、运营成本以及碳减排成本，再增加（减少）由于筹资所形成的生产能力增加（减少）给企业带来的收益（损失）。

以往关于再制造生产决策的研究，通常没有考虑资金约束或者默认为企业资金充足，但在实际的市场环境中，企业通常会面临资金短缺的问题。因此，在研究再制造企业生产决策时，考虑资金受限情况更符合实际。本节从再制造企业生产运作角度出发，建立有筹资需求时在碳减排机制下的再制造生产决策模型，并讨论在征收碳税、碳排放限额、碳排放交易等碳减排机制下再制造企业的生产决策。

再制造企业要进行产品生产，就必须购置机器设备、建造厂房、建筑物等生产性固定资产，回收、购买并储备一定品种和数量的原料、消耗性材料等存货。因此，在该阶段需要保证一定量的货币资金以投入生产准备。再制造企业生产决策和筹资需求选择过程，如图5-4所示。在再制造生产时，由于受碳减排机制约束，企业必须在面对不确定的市场容量时，选择再制造产品产量并进行适当的生产性筹资准备，以满足市场需要并实现企业自身利润的最大化。

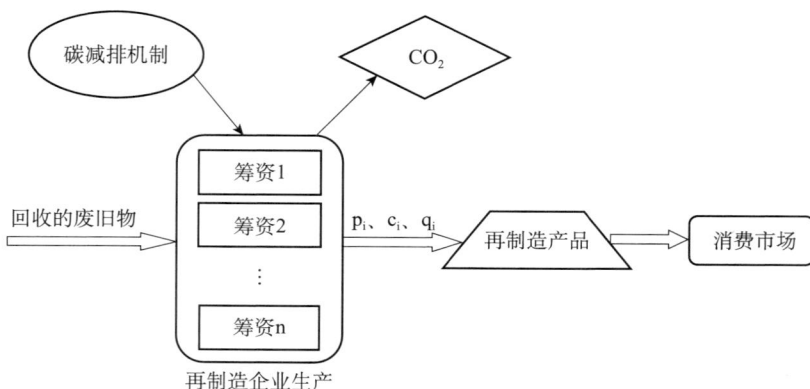

图5-4 再制造企业生产决策和筹资需求选择过程

资料来源：笔者绘制。

由于受到碳减排政策的约束，再制造企业利润模型中除了包括正常产品经营的收益和成本费用外，还包括外部的碳减排约束所带来的成本费用额。此外，再制造企业在生产准备阶段产生的筹资行为，必然会发生一定的筹资成本。本节研究着眼于筹资问题给再制造企业生产经营带来的影响，因此，与生产经营无关但会影响企业最终利润总额的因素暂不考虑。

本节构建的模型使用符号及主要假设如下。

（1）企业可以从多种途径获得再制造生产需要的废旧物资，不存在原料短缺情形；企业的再制造生产能力、技术能够支持再制造产品的生产；

（2）再制造企业生产所需要的资金，除了自有资金外，短缺资金可以从市场上进行筹集，再制造企业从不同筹资渠道、筹资方式集合 $i \in N = \{1, 2, \cdots, n\}$ 中选择一种筹资渠道、筹资方式，或者多种筹资渠道、筹资方式的混合组合进行筹资。筹集的资金全部投入产品生产，且产品生产数量受筹资能力约束；

（3）再制造企业资金筹集时会产生诸如银行借款手续费、股票及债券发行费、担保费、公证费、评估费等中介性费用，这些费用占筹资额比例很小，可以忽略不计；

（4）市场需求为 D；

（5）$q_i (i = 1, \cdots, n)$ 表示采用不同技术生产的产品数量，假设采用单一技术生产的产品数量可以满足市场需求；

（6）$c_i (i = 1, \cdots, n)$ 表示采用不同技术生产出来产品的单位制造成本，不失一般化，有 $c_i > c_{i+1}$，为简便起见，假定固定投资成本、产品回收成本、再制造过程中的零部件废弃成本、库存成本均折算计入产品制造成本内；

（7）$p_i (i = 1, \cdots, n)$ 表示采用不同技术生产的产品售价，有 $p_i > p_{i+1}$ 且满足 $(p_i - c_i) > (p_{i+1} - c_{i+1}) > 0$；

（8）$e_i (i = 1, \cdots, n)$ 表示采用不同技术生产出产品的单位碳排放量，有 $e_i > e_{i+1}$；

（9）τ 表示政府对单位碳排放量征收的碳税；

（10）ρ 表示超过碳排放限额需要缴纳的单位超限额罚款，有 $\rho > 0$；

（11）λ_b，λ_s 分别表示单位碳排放权的买入价格和卖出价格，有 $\lambda_b > \lambda_s > 0$；

（12）k_1 表示资本成本率，为在不同的筹资方式下使用资金的成本率；

（13）B 表示再制造企业当前的自有资金量；

（14）假设采用不同技术生产出来的产品同质，但采用不同技术生产出来的产品数量 q_i 与其售价 p_i 之间受市场需求制约，服从函数 $q_i = D - \beta p_i$，其中，β 为价格敏感系数（$\beta > 0$），满足 $\sum_{i=1}^{n} q_i \leq D$。

5.3.2 碳税机制下考虑筹资因素的再制造企业生产决策建模

碳税作为一种成本型排放约束的碳减排手段，通过直接对排碳企业征税来提高碳排放成本，进而促使排碳企业根据税率采用低碳技术或低碳设备等措施来减少碳排放总量。考虑以上条件，在碳税机制下考虑筹资因素的再制造企业生产决策模型可描述为如下形式：$O_1 = \{\Pi\}$，$\varepsilon_2 = \{ind\}$，$\gamma_2 = \{HOM\}$，$\alpha_1 = \{CT\}$，$\beta_3 = \{CAP\}$，即当企业为混合再制造商，决策目标是基于期望利润最大化，在考虑征收碳税因素和筹资因素情形下的再制造生产决策模型为：

$$\max O_1 = \max f(N(\varepsilon_2), D(\gamma_2), C(\alpha_1), F(\beta_3))$$

具体模型可以表示为：

$$\max \Pi = \max \left\{ \sum_{i=1}^{n} (p_i q_i) - \sum_{i=1}^{n} (c_i q_i) - \tau \sum_{i=1}^{n} (e_i q_i) \right.$$
$$\left. - \sum_{l=1}^{r} k_1 \max \left[\sum_{i=1}^{n} (c_i q_i) + \tau \sum_{i=1}^{n} (e_i q_i) - B, 0 \right] \right\}$$

$$(5-2)$$

先分别考虑两种特殊情况。

一是企业依靠自有资金组织生产即可满足市场需求，即自有资金充足，无筹资需求，此种情形下上述模型可简化为：

$$\max \Pi = \max \left\{ \sum_{i=1}^{n} (p_i q_i) - \sum_{i=1}^{n} (c_i q_i) - \tau \sum_{i=1}^{n} (e_i q_i) \right\} \quad (5-3)$$

二是在不征收碳税的情形下，但企业依靠自有资金组织生产不能满足市场需求，需要从外部筹资来满足生产需要以获取最大期望利润，此种情形下模型可简化为：

$$\max \Pi = \max \left\{ \sum_{i=1}^{n} (p_i q_i) - \sum_{i=1}^{n} (c_i q_i) - \sum_{l=1}^{r} k_l \left[\sum_{i=1}^{n} (c_i q_i) - B \right] \right\}$$

$$(5-4)$$

5.3.3　模型性质分析

对上述各种情形下的生产决策模型进行分析。

5.3.3.1　模型一［式（5-3）］分析

先考虑企业征收碳税但无筹资需求情形下的状况，将 $q_i = D - \beta p_i (i = 1, \cdots, n)$ 代入式（5-3）的期望利润函数中，分别对 $q_i (i = 1, \cdots, n)$ 求偏导得：

$$\begin{cases} \dfrac{\partial \Pi}{\partial q_1} = \dfrac{D - 2q_1}{\beta} - c_1 - \tau e_1 \\ \vdots \\ \dfrac{\partial \Pi}{\partial q_i} = \dfrac{D - 2q_i}{\beta} - c_i - \tau e_i \\ \vdots \\ \dfrac{\partial \Pi}{\partial q_n} = \dfrac{D - 2q_n}{\beta} - c_n - \tau e_n \end{cases} \quad (5-5)$$

令 $\nabla f(x) = 0$，可得：

$$\begin{cases} q_1 = \dfrac{1}{2}\left[D - \beta(c_1 + \tau e_1) \right] \\ \qquad \vdots \\ q_i = \dfrac{1}{2}\left[D - \beta(c_i + \tau e_i) \right] \\ \qquad \vdots \\ q_n = \dfrac{1}{2}\left[D - \beta(c_n + \tau e_n) \right] \end{cases} \qquad (5-6)$$

式（5-3）期望利润函数 $f(x)$ 的海塞矩阵（Hessian marix）为：

$$H = \begin{bmatrix} -\dfrac{2}{\beta} & 0 & \cdots & 0 \\ 0 & -\dfrac{2}{\beta} & \cdots & 0 \\ \vdots & \vdots & \vdots & 0 \\ 0 & 0 & \cdots & -\dfrac{2}{\beta} \end{bmatrix} \qquad (5-7)$$

容易判断，H 的所有奇数阶顺序主子式均小于零，所有偶数阶顺序主子式均大于零，所以 H 是负定的。

因此，可知 $\mathbf{q} = (q_1, q_2, \cdots, q_n)$ 为极大值点，即在这种情形下，再制造企业生产产品的数量 $\mathbf{q}^* = (q_1, q_2, \cdots, q_n) = \dfrac{1}{2}\sum\limits_{i=1}^{n}\left[D - \beta(c_i + \tau e_i) \right]$ 时，可以获得最大期望利润。

再考察碳税 τ 对期望利润 Π 的影响。

因为 $\dfrac{d\Pi}{d\tau} = -\sum\limits_{i=1}^{n} e_i q_i < 0$，所以，随着碳税 τ 的提高，再制造企业的期望利润 Π 会降低。特别地，在其他参数不变的情况下，当碳税 τ 提高到 $\tau^* = \dfrac{D - \beta c_i}{\beta e_i}$ 时，再制造企业期望利润降为零，企业会停止生产。

根据上述分析，可以得出以下结论：在征收碳税且无筹资需求的情况下，再制造企业生产决策主要受市场需求、价格敏感系数、制造成本、碳税的影响。产品产量与市场需求正相关,与制造成本负相关。最优产量 $\mathbf{q}^*$、企业期望利润与碳税 τ 负相关,随碳税 τ 的提高而降低。

5.3.3.2 模型二[式(5-4)]分析

考虑企业有筹资需求但不征收碳税情形下的情况,将 $q_i = D - \beta p_i (i = 1, \cdots, n)$ 代入式(5-4)的期望利润函数中,分别对 $q_i (i = 1, \cdots, n)$ 求偏导得:

$$\begin{cases} \dfrac{\partial \Pi}{\partial q_1} = \dfrac{D - 2q_1}{\beta} - c_1 - c_1 \sum_{l=1}^{r} k_l \\ \quad \vdots \\ \dfrac{\partial \Pi}{\partial q_i} = \dfrac{D - 2q_i}{\beta} - c_i - c_i \sum_{l=1}^{r} k_l \\ \quad \vdots \\ \dfrac{\partial \Pi}{\partial q_n} = \dfrac{D - 2q_n}{\beta} - c_n - c_n \sum_{l=1}^{r} k_l \end{cases} \quad (5-8)$$

令 $\nabla f(x) = 0$,可得:

$$\begin{cases} q_1 = \dfrac{1}{2} \left[D - \beta c_1 \left(1 + \sum_{l=1}^{r} k_l \right) \right] \\ \quad \vdots \\ q_i = \dfrac{1}{2} \left[D - \beta c_i \left(1 + \sum_{l=1}^{r} k_l \right) \right] \\ \quad \vdots \\ q_n = \dfrac{1}{2} \left[D - \beta c_n \left(1 + \sum_{l=1}^{r} k_l \right) \right] \end{cases} \quad (5-9)$$

式(5-4)期望利润函数 $f(x)$ 的 Hessian 矩阵为:

$$H = \begin{bmatrix} -\dfrac{2}{\beta} & 0 & \cdots & 0 \\ 0 & -\dfrac{2}{\beta} & \cdots & 0 \\ \vdots & \vdots & \vdots & 0 \\ 0 & 0 & \cdots & -\dfrac{2}{\beta} \end{bmatrix} \quad (5-10)$$

同理，可以判断 H 是负定的。

因此，可知 $\mathbf{q} = (q_1，q_2，\cdots，q_n)$ 为极大值点，即在这种情形下，再制造企业生产产品的数量 $\mathbf{q}^* = (q_1, q_2, \cdots, q_n) = \dfrac{1}{2} \sum\limits_{i=1}^{n} \Big[D - \beta c_i \Big(1 +$

$\sum\limits_{l=1}^{r} k_l \Big) \Big]$ 时，可以获得最大期望利润。

再考察资本成本率 k_l 对期望利润 Π 的影响。在实际市场环境中，企业通常需要采取多种筹资方式来获得需要的资金，采用平均资本成本率 $\overline{k_l}$ 来代替多种筹资方式的资本成本率，即式（5 – 4）可转换为式（5 – 11）来表示。

$$\max \Pi = \max \left\{ \sum_{i=1}^{n} p_i q_i - \sum_{i=1}^{n} c_i q_i - \overline{k_l} \Big(\sum_{i=1}^{n} c_i q_i - B \Big) \right\} \quad （5 - 11）$$

因为 $\dfrac{\mathrm{d}\Pi}{\mathrm{d}\,k_l} = B - \sum\limits_{i=1}^{n} c_i q_i < 0$，所以，平均资本成本率 $\overline{k_l}$ 的提高使得再制造企业的期望利润 Π 降低。特别地，在其他参数不变的情况下，当平均资本成本率 $\overline{k_l}$ 提高到 $\overline{k_l}^* = 1 - \dfrac{D}{\beta c_i}$ 时，再制造企业期望利润降为零，企业会停止生产。

根据上述分析可以得出以下结论：在企业有筹资需求但不征收碳税的情况下，再制造企业生产决策主要受市场需求、价格敏感系数、制造成本、资本成本率的影响。产品产量与市场需求正相关，与制造成本负相关。最优产量 $\mathbf{q}^*$、企业期望利润与资本成本率 k_l 负相关，随资本成本率 k_l 的提高而降低。

5.3.3.3 模型三［式（5 – 2）］分析

考虑再制造企业有筹资需求且征收碳税情形下的生产决策情况。将 $q_i = D - \beta p_i (i = 1，\cdots，n)$ 代入式（5 – 2）的期望利润函数中，分别对 $q_i (i = 1，\cdots，n)$ 求偏导得：

$$\begin{cases} \dfrac{\partial \Pi}{\partial q_1} = \dfrac{D - 2q_1}{\beta} - c_1 - \tau e_1 - (c_1 + \tau e_1) \sum_{l=1}^{r} k_l \\ \quad \vdots \\ \dfrac{\partial \Pi}{\partial q_i} = \dfrac{D - 2q_i}{\beta} - c_i - \tau e_i - (c_i + \tau e_i) \sum_{l=1}^{r} k_l \\ \quad \vdots \\ \dfrac{\partial \Pi}{\partial q_n} = \dfrac{D - 2q_n}{\beta} - c_n - \tau e_n - (c_n + \tau e_n) \sum_{l=1}^{r} k_l \end{cases} \quad (5-12)$$

令 $\nabla f(x) = 0$，可得：

$$\begin{cases} q_1 = \dfrac{1}{2} \left[D - \beta(c_1 + \tau e_1) \left(1 + \sum_{l=1}^{r} k_l \right) \right] \\ \quad \vdots \\ q_i = \dfrac{1}{2} \left[D - \beta(c_i + \tau e_i) \left(1 + \sum_{l=1}^{r} k_l \right) \right] \\ \quad \vdots \\ q_n = \dfrac{1}{2} \left[D - \beta(c_n + \tau e_n) \left(1 + \sum_{l=1}^{r} k_l \right) \right] \end{cases} \quad (5-13)$$

式（5-2）期望利润函数 $f(x)$ 的 Hessian 矩阵为：

$$H = \begin{bmatrix} -\dfrac{2}{\beta} & 0 & \cdots & 0 \\ 0 & -\dfrac{2}{\beta} & \cdots & 0 \\ \vdots & \vdots & \vdots & 0 \\ 0 & 0 & \cdots & -\dfrac{2}{\beta} \end{bmatrix} \quad (5-14)$$

可以判断 H 是负定的，所以 $\mathbf{q} = (q_1, q_2, \cdots, q_n)$ 为极大值点，即在这种情形下，再制造企业生产产品的数量 $\mathbf{q}^* = (q_1, q_2, \cdots, q_n) = \dfrac{1}{2} \sum_{i=1}^{n} \left[D - \beta(c_i + \tau e_i) \left(1 + \sum_{l=1}^{r} k_l \right) \right]$ 时，可以获得最大期望利润。

再综合考察碳税 τ 和资本成本率 k_l 对期望利润 Π 的影响，可以分三种情形来讨论。

（1）当碳税 τ 与资本成本率 k_l 同时提高时，根据式（5-2）和前提条件可知，提高碳税 τ 会增加再制造企业的碳排放成本。而资本成本率 k_l 的提高会增加再制造企业的资金使用成本。在其他参数不变的情况下，碳税 τ 与资本成本率 k_l 提高，使得模型中第三部分 $\tau \sum\limits_{i=1}^{n} e_i q_i$ 和第四部分 $\sum\limits_{l=1}^{r} k_l \left(\sum\limits_{i=1}^{n} c_i q_i + \tau \sum\limits_{i=1}^{n} e_i q_i - B \right)$ 的绝对值增加，最终使企业的期望利润减少。

（2）当碳税 τ 与资本成本率 k_l 同时降低时，同理，根据式（5-2）和前提条件可知，碳税 τ 降低可以降低再制造企业的碳排放成本，而资本成本率 k_l 的降低同样会降低再制造企业的资金使用成本。在其他参数不变的情况下，降低碳税 τ 与资本成本率 k_l，使得模型中第三部分 $\tau \sum\limits_{i=1}^{n} e_i q_i$ 和第四部分 $\sum\limits_{l=1}^{r} k_l \left(\sum\limits_{i=1}^{n} c_i q_i + \tau \sum\limits_{i=1}^{n} e_i q_i - B \right)$ 的绝对值减少，最终使企业的期望利润增加。

（3）当碳税 τ 与资本成本率 k_l 反方向变化时，即碳税 τ 提高（降低）同时资本成本率 k_l 降低（提高）。在其他参数不变的情况下，模型中第三部分 $\tau \sum\limits_{i=1}^{n} e_i q_i$ 和第四部分 $\sum\limits_{l=1}^{r} k_l \left(\sum\limits_{i=1}^{n} c_i q_i + \tau \sum\limits_{i=1}^{n} e_i q_i - B \right)$ 的绝对值也是反方向变化的。在这种情况下，需要进行参数的灵敏度分析来判断对企业期望利润的影响，需要再分两种情况讨论。

第一，分析当碳税 τ 提高到 τ_1 水平时，平均资本成本率 $\overline{k_l}$ 降低到 $\overline{k_{ll}}$ 时，对再制造企业期望利润 Π 的影响。

令 $\Delta \tau = \tau_1 - \tau$，$\Delta \overline{k_l} = \overline{k_{ll}} - \overline{k_l}$

$$\Pi = \sum\limits_{i=1}^{n} p_i q_i - \sum\limits_{i=1}^{n} c_i q_i - \tau \sum\limits_{i=1}^{n} e_i q_i - \overline{k_l} \left(\sum\limits_{i=1}^{n} c_i q_i + \tau \sum\limits_{i=1}^{n} e_i q_i - B \right)$$

$$\Pi_1 = \sum\limits_{i=1}^{n} p_i q_i - \sum\limits_{i=1}^{n} c_i q_i - \tau_1 \sum\limits_{i=1}^{n} e_i q_i - \overline{k_{ll}} \left(\sum\limits_{i=1}^{n} c_i q_i + \tau_1 \sum\limits_{i=1}^{n} e_i q_i - B \right)$$

$$\Pi_1 - \Pi = \left(\tau - \tau_1 + \overline{k_1}\tau - \overline{k_{11}}\tau_1\right)\sum_{i=1}^{n} e_i q_i + \left(\overline{k_1} - \overline{k_{11}}\right)\left(\sum_{i=1}^{n} c_i q_i - B\right)$$

令 $\Pi_1 - \Pi > 0$，整理得：

$$\frac{\Delta\tau}{\Delta\overline{k_1}} > \frac{B - \sum_{i=1}^{n} c_i q_i}{\sum_{i=1}^{n} e_i q_i} - \tau/(1 + \overline{k_{11}}) \qquad (5-15)$$

因此，当 $\Delta\tau$ 与 $\Delta\overline{k_1}$ 的比值满足式（5-15）时，再制造企业的期望利润会增加。

第二，分析当碳税 τ 降低到 τ_2 水平时，平均资本成本率 $\overline{k_1}$ 提高到 $\overline{k_{12}}$ 时，对再制造企业期望利润 Π 的影响。

令 $\Delta\tau = \tau_2 - \tau$，$\Delta\overline{k_1} = \overline{k_{12}} - \overline{k_1}$

$$\Pi = \sum_{i=1}^{n} p_i q_i - \sum_{i=1}^{n} c_i q_i - \tau\sum_{i=1}^{n} e_i q_i - \overline{k_1}\left(\sum_{i=1}^{n} c_i q_i + \tau\sum_{i=1}^{n} e_i q_i - B\right)$$

$$\Pi_2 = \sum_{i=1}^{n} p_i q_i - \sum_{i=1}^{n} c_i q_i - \tau_2\sum_{i=1}^{n} e_i q_i - \overline{k_{12}}\left(\sum_{i=1}^{n} c_i q_i + \tau_2\sum_{i=1}^{n} e_i q_i - B\right)$$

$$\Pi_2 - \Pi = \left(\tau - \tau_2 + \overline{k_1}\tau - \overline{k_{12}}\tau_2\right)\sum_{i=1}^{n} e_i q_i + \left(\overline{k_1} - \overline{k_{12}}\right)\left(\sum_{i=1}^{n} c_i q_i - B\right)$$

令 $\Pi_2 - \Pi > 0$，整理得：

$$\frac{\Delta\tau}{\Delta\overline{k_1}} < \frac{B - \sum_{i=1}^{n} c_i q_i}{\sum_{i=1}^{n} e_i q_i} - \tau/(1 + \overline{k_{12}}) \qquad (5-16)$$

因此，当 $\Delta\tau$ 与 $\Delta\overline{k_1}$ 的比值满足式（5-16）时，再制造企业的期望利润会增加。

根据上述分析，可以得出以下结论：在征收碳税且有筹资需求的情况下，再制造企业生产决策主要受市场需求、价格敏感系数、制造成本、碳税、资本成本率的影响。产品产量与市场需求正相关，与制造成本负相关。最优产量 $\mathbf{q}^*$、企业期望利润与碳税 τ、资本成本率 k_1 负相关，随碳税 τ 和资本成本率 k_1 的增加而减小。

5.3.4 在碳限额机制下考虑筹资因素的再制造企业生产决策建模

在碳限额机制下，政府及宏观管理部门事先为排碳企业设定碳排放额度，在实际生产中，如果企业超过规定的碳排放限额需要缴纳高额罚款。可以看出，碳限额是一种基于行政手段的强制性碳减排措施。考虑以上条件，在碳限额机制下考虑筹资因素的再制造企业生产决策模型可描述为如下形式：$O_1 = \{\Pi\}$，$\varepsilon_2 = \{ind\}$，$\gamma_2 = \{HOM\}$，$\alpha_2 = \{CEA\}$，$\beta_3 = \{CAP\}$。即当企业为混合再制造商，决策目标是基于期望利润最大化，在考虑碳排放限额和筹资因素情形下的再制造生产决策模型为：

$$\max O_1 = \max f(N(\varepsilon_2), D(\gamma_2), C(\alpha_2), F(\beta_3))$$

具体模型可以表示为：

$$\max \Pi = \max \left\{ \sum_{i=1}^n (p_i q_i) - \sum_{i=1}^n (c_i q_i) - \rho \max \left(\sum_{i=1}^n (e_i q_i) - A, 0 \right) \right.$$
$$\left. - \sum_{l=1}^r k_l \max \left[\sum_{i=1}^n (c_i q_i) + \rho \max \left(\sum_{i=1}^n (e_i q_i) - A, 0 \right) - B, 0 \right] \right\}$$

$$(5-17)$$

在式（5-17）中，ρ 表示单位超限额碳排放量需缴纳罚款，A 表示在一个生产周期内分配给企业的碳排放限额，其余变量含义同 5.3.1 小节所述。为了表示简洁，用（ ）$^+$ 表示括号内的变量取正值时该项存在，式（5-17）可改写为：

$$\max \Pi = \max \left\{ \sum_{i=1}^n (p_i q_i) - \sum_{i=1}^n (c_i q_i) - \rho \left(\sum_{i=1}^n (e_i q_i) - A \right)^+ \right.$$
$$\left. - \sum_{l=1}^r k_l \max \left[\sum_{i=1}^n (c_i q_i) + \rho \left(\sum_{i=1}^n (e_i q_i) - A \right)^+ - B, 0 \right] \right\}$$

$$(5-18)$$

根据再制造企业在一个生产周期内碳排放量是否超过碳排放限额，可以分两种情况进行讨论。

当 $\sum_{i=1}^n (e_i q_i) \leqslant A$ 时，即再制造企业在一个生产周期内的碳排放量未超过允许限额，此时 $\left(\sum\limits_{i=1}^{n} (e_i q_i) - A \right)^{+} = 0$，式（5 - 17）可简化为：

$$\max \Pi = \max \left\{ \sum_{i=1}^{n} (p_i q_i) - \sum_{i=1}^{n} (c_i q_i) - \sum_{l=1}^{r} k_l \max \left[\sum_{i=1}^{n} (c_i q_i) - B, 0 \right] \right\}$$

$$(5 - 19)$$

当 $\sum\limits_{i=1}^{n} (e_i q_i) > A$ 时，即再制造企业在一个生产周期内的碳排放量超

过允许限额，此时 $\left(\sum\limits_{i=1}^{n} (e_i q_i) - A \right)^{+} > 0$，式（5 - 17）可表示为：

$$\max \Pi = \max \left\{ \sum_{i=1}^{n} (p_i q_i) - \sum_{i=1}^{n} (c_i q_i) - \rho \left(\sum_{i=1}^{n} (e_i q_i) - A \right) \right.$$
$$\left. - \sum_{l=1}^{r} k_l \max \left[\sum_{i=1}^{n} (c_i q_i) + \rho \left(\sum_{i=1}^{n} (e_i q_i) - A \right) - B, 0 \right] \right\}$$

$$(5 - 20)$$

5.3.5　模型性质分析

对上述各种情形下的生产决策模型进行分析。

5.3.5.1　模型一［式（5 - 19）］分析

式（5 - 19）生产决策模型与式（5 - 4）生产决策模型本质上是相同的，式（5 - 19）表示考虑企业有筹资需求且未超过碳排放限额的情形，因此，该模型分析可以参考 5.3.3.2 小节关于"模型二［式（5 - 4）］"的分析。

同理，将 $q_i = D - \beta p_i (i = 1, \cdots, n)$ 代入式（5 - 19）的期望利润函数中，分别对 $q_i (i = 1, \cdots, n)$ 求偏导得：

$$\begin{cases} \dfrac{\partial \Pi}{\partial q_1} = \dfrac{D - 2q_1}{\beta} - c_1 - c_1 \sum\limits_{l=1}^{r} k_l \\ \quad \vdots \\ \dfrac{\partial \Pi}{\partial q_i} = \dfrac{D - 2q_i}{\beta} - c_i - c_i \sum\limits_{l=1}^{r} k_l \\ \quad \vdots \\ \dfrac{\partial \Pi}{\partial q_n} = \dfrac{D - 2q_n}{\beta} - c_n - c_n \sum\limits_{l=1}^{r} k_l \end{cases} \qquad (5 - 21)$$

令 $\nabla f(x) = 0$，可得：

$$
\begin{cases}
q_1 = \dfrac{1}{2}\left[D - \beta c_1 \left(1 + \displaystyle\sum_{l=1}^{r} k_l \right) \right] \\
\quad\vdots \\
q_i = \dfrac{1}{2}\left[D - \beta c_i \left(1 + \displaystyle\sum_{l=1}^{r} k_l \right) \right] \\
\quad\vdots \\
q_n = \dfrac{1}{2}\left[D - \beta c_n \left(1 + \displaystyle\sum_{l=1}^{r} k_l \right) \right]
\end{cases}
\tag{5-22}
$$

式（5-16）期望利润函数 $f(x)$ 的海塞（Hessian）矩阵为：

$$
H = \begin{bmatrix}
-\dfrac{2}{\beta} & 0 & \cdots & 0 \\
0 & -\dfrac{2}{\beta} & \cdots & 0 \\
\vdots & \vdots & \vdots & 0 \\
0 & 0 & \cdots & -\dfrac{2}{\beta}
\end{bmatrix}
\tag{5-23}
$$

可以判断 H 是负定的。因此，可知 $\mathbf{q} = (q_1, q_2, \cdots, q_n)$ 为极大值点，即在这种情形下，再制造企业采用不同制造技术生产产品的数量 $\mathbf{q}^* = (q_1, q_2, \cdots, q_n) = \dfrac{1}{2}\sum_{i=1}^{n}\left[D - \beta c_i \left(1 + \sum_{l=1}^{r} k_l \right) \right]$ 时，可以获得最大期望利润。

再考察资本成本率 k_l 对期望利润 Π 的影响。仍然采用平均资本成本率 $\overline{k_l}$ 来代替多种筹资方式的资本成本率，即式（5-19）可转换为式（5-24）来表示。

$$
\max \Pi = \max\left\{ \sum_{i=1}^{n}(p_i q_i) - \sum_{i=1}^{n}(c_i q_i) - \overline{k_l}\max\left[\sum_{i=1}^{n}(c_i q_i) - B, 0 \right] \right\}
\tag{5-24}
$$

当企业有筹资需求的情形下，$\dfrac{d\Pi}{d\overline{k_l}} = B - \sum_{i=1}^{n} c_i q_i < 0$，所以，平均资本成本率 $\overline{k_l}$ 的提高，使得再制造企业的期望利润 Π 减小。

根据上述分析可以得出以下结论：在企业有筹资需求且未超过碳排

放限额的情况下，再制造企业的生产决策主要受市场需求、价格敏感系数、制造成本、资本成本率的影响。产品产量与市场需求正相关，与制造成本负相关，最优产量与碳排放限额无关。企业期望利润 Π 与资本成本率 k_1 负相关，随 k_1 的增加而减小。

5.3.5.2　模型二［式（5－20）］分析

式（5－20）再制造企业生产决策模型表示超过碳排放限额的情形，可以继续分两种情况进行分析。

（1）当企业超过碳排放限额但不需要筹资生产时，式（5－20）可表示为：

$$\max \Pi = \max \left\{ \sum_{i=1}^{n} (p_i q_i) - \sum_{i=1}^{n} (c_i q_i) - \rho \left(\sum_{i=1}^{n} (e_i q_i) - A \right) \right\}$$

$$(5-25)$$

将 $p_i = \dfrac{D - q_i}{\beta}(i = 1, \cdots, n)$ 代入式（5－25）的期望利润函数中，分别对 $q_i(i = 1, \cdots, n)$ 求偏导得：

$$\begin{cases} \dfrac{\partial \Pi}{\partial q_1} = \dfrac{D - 2q_1}{\beta} - c_1 - \rho e_1 \\ \quad \vdots \\ \dfrac{\partial \Pi}{\partial q_i} = \dfrac{D - 2q_i}{\beta} - c_i - \rho e_i \\ \quad \vdots \\ \dfrac{\partial \Pi}{\partial q_n} = \dfrac{D - 2q_n}{\beta} - c_n - \rho e_n \end{cases} \qquad (5-26)$$

令 $\nabla f(x) = 0$，可得：

$$\begin{cases} q_1 = \dfrac{1}{2} \big[D - \beta(c_1 + \rho e_1) \big] \\ \quad \vdots \\ q_i = \dfrac{1}{2} \big[D - \beta(c_i + \rho e_i) \big] \\ \quad \vdots \\ q_n = \dfrac{1}{2} \big[D - \beta(c_n + \rho e_n) \big] \end{cases} \qquad (5-27)$$

式（5-25）期望利润函数 $f(x)$ 的海塞（Hessian）矩阵为：

$$H = \begin{bmatrix} -\dfrac{2}{\beta} & 0 & \cdots & 0 \\ 0 & -\dfrac{2}{\beta} & \cdots & 0 \\ \vdots & \vdots & \vdots & 0 \\ 0 & 0 & \cdots & -\dfrac{2}{\beta} \end{bmatrix} \quad (5-28)$$

可以判断 H 是负定的。因此，可知 $\mathbf{q} = (q_1, q_2, \cdots, q_n)$ 为极大值点，即在这种情形下，再制造企业采用不同制造技术生产产品的数量 $\mathbf{q}^* = (q_1, q_2, \cdots, q_n) = \dfrac{1}{2} \sum\limits_{i=1}^{n} [D - \beta(c_i + \rho e_i)]$ 时，可以获得最大期望利润。

再分别考察碳排放限额 A 和单位超限额缴纳罚款 ρ 对期望利润 Π 的影响。

因为 $\dfrac{d\Pi}{dA} = \rho > 0$，所以，随着碳排放限额 A 的提高，再制造企业的期望利润 Π 也会增长。

同理，因为 $\dfrac{d\Pi}{d\rho} = A - \sum\limits_{i=1}^{n} (e_i q_i) < 0$，所以，随着单位超限额缴纳罚款 ρ 的提高，再制造企业的期望利润 Π 会减少。

根据上述分析可以得出以下结论：在超过碳排放限额但无筹资需求的情况下，再制造企业生产决策主要受市场需求、价格敏感系数、制造成本、单位超限额罚款的影响。产品产量与市场需求正相关，与制造成本负相关，最优产量与碳排放限额无关。企业期望利润 Π 与单位超限额缴纳罚款 ρ 负相关，随 ρ 的增加而减小；与碳排放限额 A 正相关，随 A 的增加而增加。

（2）当企业超过碳排放限额且需要筹资生产时，式（5-20）可表示为：

$$\max\Pi = \max\left\{ \sum_{i=1}^{n}(p_i q_i) - \sum_{i=1}^{n}(c_i q_i) - \rho\left(\sum_{i=1}^{n}(e_i q_i) - A\right)\right.$$
$$\left. - \sum_{l=1}^{r} k_l\left[\sum_{i=1}^{n}(c_i q_i) + \rho\left(\sum_{i=1}^{n}(e_i q_i) - A\right) - B\right]\right\} \quad (5-29)$$

将 $p_i = \dfrac{D - q_i}{\beta}$（$i = 1$，$\cdots$，$n$）代入式（5 - 29）的期望利润函数中，

分别对 q_i（$i = 1$，$\cdots$，n）求偏导得：

$$\begin{cases} \dfrac{\partial \Pi}{\partial q_1} = \dfrac{D - 2q_1}{\beta} - c_1 - \rho e_1 - (c_1 + \rho e_1) \displaystyle\sum_{l=1}^{r} k_l \\[2mm] \quad\vdots \\[2mm] \dfrac{\partial \Pi}{\partial q_i} = \dfrac{D - 2q_i}{\beta} - c_i - \rho e_i - (c_i + \rho e_i) \displaystyle\sum_{l=1}^{r} k_l \\[2mm] \quad\vdots \\[2mm] \dfrac{\partial \Pi}{\partial q_n} = \dfrac{D - 2q_n}{\beta} - c_n - \rho e_n - (c_n + \rho e_n) \displaystyle\sum_{l=1}^{r} k_l \end{cases} \quad (5 - 30)$$

令 $\nabla f(x) = 0$，可得：

$$\begin{cases} q_1 = \dfrac{1}{2} \left[D - \beta(c_1 + \rho e_1)\left(1 + \displaystyle\sum_{l=1}^{r} k_l\right) \right] \\[2mm] \quad\vdots \\[2mm] q_i = \dfrac{1}{2} \left[D - \beta(c_i + \rho e_i)\left(1 + \displaystyle\sum_{l=1}^{r} k_l\right) \right] \\[2mm] \quad\vdots \\[2mm] q_n = \dfrac{1}{2} \left[D - \beta(c_n + \rho e_n)\left(1 + \displaystyle\sum_{l=1}^{r} k_l\right) \right] \end{cases} \quad (5 - 31)$$

式（5 - 29）期望利润函数 $f(x)$ 的海塞（Hessian）矩阵为：

$$H = \begin{bmatrix} -\dfrac{2}{\beta} & 0 & \cdots & 0 \\[2mm] 0 & -\dfrac{2}{\beta} & \cdots & 0 \\[2mm] \vdots & \vdots & \vdots & 0 \\[2mm] 0 & 0 & \cdots & -\dfrac{2}{\beta} \end{bmatrix} \quad (5 - 32)$$

因为 H 负定，所以 $\mathbf{q} = (q_1, q_2, \cdots, q_n)$ 为极大值点，即在这种情形下，再制造企业采用不同制造技术生产产品的数量 $\mathbf{q}^* = (q_1, q_2, \cdots,$

$$q_n) = \frac{1}{2} \sum_{i=1}^{n} \left[D - \beta(c_i + \rho e_i)\left(1 + \sum_{l=1}^{r} k_l\right) \right]$$ 时，可以获得最大期望利润。

再综合考察碳排放限额 A 和资本成本率 k_l 对期望利润 Π 的影响，可以分三种情形来讨论。

（1）当碳排放限额 A 增加，同时资本成本率 k_l 减小时，根据式（5-29）和前提条件可知，提高碳排放限额 A 会降低再制造企业的碳排放成本，减小资本成本率 k_l 也会降低再制造企业的资金使用成本。在其他参数不变的情况下，碳排放限额 A 增加与资本成本率 k_l 减小，使得模型中第三部分 $\rho\left(\sum_{i=1}^{n}(e_i q_i) - A\right)$ 和第四部分 $\sum_{l=1}^{r} k_l \left[\sum_{i=1}^{n}(c_i q_i) + \rho\left(\sum_{i=1}^{n}(e_i q_i) - A\right) - B\right]$ 的绝对值减小，最终使企业的期望利润增大。

（2）当碳排放限额 A 减小，同时资本成本率 k_l 增加时，根据式（5-29）和前提条件可知，减小碳排放限额 A 会增加再制造企业的碳排放成本，提高资本成本率 k_l 也会增加再制造企业的资金使用成本。在其他参数不变的情况下，碳排放限额 A 减小与资本成本率 k_l 提高，使得模型中第三部分 $\rho\left(\sum_{i=1}^{n}(e_i q_i) - A\right)$ 和第四部分 $\sum_{l=1}^{r} k_l \left[\sum_{i=1}^{n}(c_i q_i) + \rho\left(\sum_{i=1}^{n}(e_i q_i) - A\right) - B\right]$ 的绝对值增大，最终使企业的期望利润减少。

（3）当碳排放限额 A 与资本成本率 k_l 同方向变化时，即碳排放限额 A 与资本成本率 k_l 同时提高或同时降低，在其他参数不变的情况下，模型中第三部分 $\rho\left(\sum_{i=1}^{n}(e_i q_i) - A\right)$ 和第四部分 $\sum_{l=1}^{r} k_l \left[\sum_{i=1}^{n}(c_i q_i) + \rho\left(\sum_{i=1}^{n}(e_i q_i) - A\right) - B\right]$ 的绝对值是反方向变化的。在这种情况下，需要进行参数的灵敏度分析来判断对企业期望利润的影响，需要再分两种情况讨论。

第一，当碳排放限额 A 与资本成本率 k_l 同时提高时，对再制造企业期望利润 Π 的影响。

假设碳排放限额 A 提高到 A_1，平均资本成本率 $\overline{k_l}$ 提高到 $\overline{k_{l1}}$，令 $\Delta A = A_1 - A$，$\Delta \overline{k_l} = \overline{k_{l1}} - \overline{k_l}$，有：

$$\Pi = \sum_{i=1}^{n} (p_i q_i) - \sum_{i=1}^{n} (c_i q_i) - \rho \left(\sum_{i=1}^{n} (e_i q_i) - A \right)$$

$$- \overline{k_1} \left[\sum_{i=1}^{n} (c_i q_i) + \rho \left(\sum_{i=1}^{n} (e_i q_i) - A \right) - B \right]$$

$$\Pi_1 = \sum_{i=1}^{n} (p_i q_i) - \sum_{i=1}^{n} (c_i q_i) - \rho \left(\sum_{i=1}^{n} (e_i q_i) - A_1 \right)$$

$$- \overline{k_{11}} \left[\sum_{i=1}^{n} (c_i q_i) + \rho \left(\sum_{i=1}^{n} (e_i q_i) - A_1 \right) - B \right]$$

令 $\Pi_1 - \Pi > 0$，整理得：

$$\frac{\Delta A}{\Delta \overline{k_1}} > \frac{\sum_{i=1}^{n} (c_i q_i) - B + \rho \left[\sum_{i=1}^{n} (e_i q_i) - A \right]}{\rho (1 + \overline{k_{11}})} \qquad (5-33)$$

因此，如果碳排放限额 A 与资本成本率 k_1 同时提高时，只要 ΔA 与 $\Delta \overline{k_1}$ 的比值满足式（5 – 33），再制造企业的期望利润 Π 会增加。

第二，当碳排放限额 A 与资本成本率 k_1 同时降低时，对再制造企业期望利润 Π 的影响。

假设碳排放限额 A 降低到 A_2，平均资本成本率 $\overline{k_1}$ 降低到 $\overline{k_{12}}$，令 $\Delta A = A_2 - A$，$\Delta \overline{k_1} = \overline{k_{12}} - \overline{k_1}$，有：

$$\Pi = \sum_{i=1}^{n} (p_i q_i) - \sum_{i=1}^{n} (c_i q_i) - \rho \left(\sum_{i=1}^{n} (e_i q_i) - A \right)$$

$$- \overline{k_1} \left[\sum_{i=1}^{n} (c_i q_i) + \rho \left(\sum_{i=1}^{n} (e_i q_i) - A \right) - B \right]$$

$$\Pi_2 = \sum_{i=1}^{n} (p_i q_i) - \sum_{i=1}^{n} (c_i q_i) - \rho \left(\sum_{i=1}^{n} (e_i q_i) - A_2 \right)$$

$$- \overline{k_{12}} \left[\sum_{i=1}^{n} (c_i q_i) + \rho \left(\sum_{i=1}^{n} (e_i q_i) - A_2 \right) - B \right]$$

令 $\Pi_2 - \Pi > 0$，整理得：

$$\frac{\Delta A}{\Delta \overline{k_1}} < \frac{\sum_{i=1}^{n} (c_i q_i) - B + \rho \left[\sum_{i=1}^{n} (e_i q_i) - A \right]}{\rho (1 + \overline{k_{12}})} \qquad (5-34)$$

因此，如果碳排放限额 A 与资本成本率 k_1 同时降低时，只要 ΔA 与

$\Delta \overline{k_1}$的比值满足式（5-34），再制造企业的期望利润 Π 会增加。

根据上述分析，可以得出以下结论：在碳排放限额强制约束且有筹资需求的情况下，再制造企业生产决策主要受市场需求、价格敏感系数、制造成本、单位超限额罚款、资本成本率的影响。产品产量与市场需求正相关，与制造成本负相关，最优产量与碳排放限额无关。再制造企业期望利润 Π 与资本成本率 k_1 负相关，随 k_1 的增加而降低；与碳排放限额 A 正相关，随 A 的增加而增大。

5.3.6 碳交易机制下考虑筹资因素的再制造企业生产决策建模

碳交易机制是规范国际碳交易市场的一种制度，落实到微观层面就是允许企业将分配给自己的碳排放额度拿到碳交易市场上进行出售以获取收益。在碳交易机制下，政府及宏观管理部门分配给排碳企业一定的碳排放额度，当企业超过规定的碳排放额度需要在碳交易市场上购买碳排放权以避免缴纳高额罚款，如果实际碳排放量没有超过碳排放限额，可以将剩余的碳排放额度通过碳交易市场进行出售来获取收益。通过碳排放权交易机制，有利于企业主动进行节能减排。

基于以上条件，在碳交易机制下考虑筹资因素的再制造企业生产决策模型可描述为如下形式：$O_1 = \{\Pi\}$，$\varepsilon_2 = \{ind\}$，$\gamma_2 = \{HOM\}$，$\alpha_3 = \{CET\}$，$\beta_3 = \{CAP\}$，即当企业为混合再制造商，决策目标是基于期望利润最大化，在考虑碳交易因素和筹资因素情形下的再制造生产决策模型为：

$$\max O_1 = \max f(N(\varepsilon_2), D(\gamma_2), C(\alpha_3), F(\beta_3))$$

具体模型可以表示为：

$$\max \Pi = \max \left\{ \sum_{i=1}^{n} (p_i q_i) - \sum_{i=1}^{n} (c_i q_i) - \lambda_b \max \left(\sum_{i=1}^{n} (e_i q_i) - A, 0 \right) \right.$$

$$+ \lambda_s \max \left(A - \sum_{i=1}^{n} (e_i q_i), 0 \right)$$

$$- \sum_{l=1}^{r} k_l \max \left[\sum_{i=1}^{n} (c_i q_i) + \lambda_b \max \left(\sum_{i=1}^{n} (e_i q_i) - A, 0 \right) \right.$$

$$\left. \left. - \lambda_s \max \left(A - \sum_{i=1}^{n} (e_i q_i), 0 \right) - B, 0 \right] \right\} \tag{5-35}$$

在式（5 -35）中，λ_b、λ_s 分别表示在当前碳交易市场上单位碳排放权的买入价和卖出价，有 $\lambda_b > \lambda_s$，其余变量含义同 5.3.1 小节所述。为了表达简洁，用 $(\ )^+$ 表示括号内的变量取正值时该项存在，式（5 -35）可表示为：

$$\max \Pi = \max \left\{ \sum_{i=1}^{n}(p_i q_i) - \sum_{i=1}^{n}(c_i q_i) - \lambda_b \left(\sum_{i=1}^{n}(e_i q_i) - A \right)^+ \right.$$
$$+ \lambda_s \left(A - \sum_{i=1}^{n}(e_i q_i) \right)^+ - \sum_{l=1}^{r} k_l \max \left[\sum_{i=1}^{n}(c_i q_i) \right.$$
$$\left. + \lambda_b \left(\sum_{i=1}^{n}(e_i q_i) - A \right)^+ - \lambda_s \left(A - \sum_{i=1}^{n}(e_i q_i) \right)^+ - B, 0 \right] \right\}$$

$$(5 - 36)$$

可以看出，同一生产周期内 $\left(\sum_{i=1}^{n}(e_i q_i) - A \right)^+$ 项与 $\left(A - \sum_{i=1}^{n}(e_i q_i) \right)^+$ 项只能存在一种情形。因此，可分两种情况进行讨论。

当 $\sum_{i=1}^{n}(e_i q_i) > A$ 时，即再制造企业在一个生产周期内的碳排放量超过允许限额，此时 $\left(\sum_{i=1}^{n}(e_i q_i) - A \right)^+ > 0$，$\left(A - \sum_{i=1}^{n}(e_i q_i) \right)^+ = 0$，式（5 -36）可表示为：

$$\max \Pi = \max \left\{ \sum_{i=1}^{n}(p_i q_i) - \sum_{i=1}^{n}(c_i q_i) - \lambda_b \left(\sum_{i=1}^{n}(e_i q_i) - A \right) \right.$$
$$\left. - \sum_{l=1}^{r} k_l \max \left[\sum_{i=1}^{n}(c_i q_i) + \lambda_b \left(\sum_{i=1}^{n}(e_i q_i) - A \right) - B, 0 \right] \right\}$$

$$(5 - 37)$$

当 $\sum_{i=1}^{n}(e_i q_i) \leqslant A$ 时，即再制造企业在一个生产周期内的碳排放量未超过允许限额，此时 $\left(\sum_{i=1}^{n}(e_i q_i) - A \right)^+ = 0$，$\left(A - \sum_{i=1}^{n}(e_i q_i) \right)^+ > 0$，式（5 -36）可表示为：

$$\max \Pi = \max \left\{ \sum_{i=1}^{n}(p_i q_i) - \sum_{i=1}^{n}(c_i q_i) + \lambda_s \left(A - \sum_{i=1}^{n}(e_i q_i) \right) \right.$$
$$\left. - \sum_{l=1}^{r} k_l \max \left[\sum_{i=1}^{n}(c_i q_i) - \lambda_s \left(A - \sum_{i=1}^{n}(e_i q_i) \right) - B, 0 \right] \right\}$$

$$(5 - 38)$$

5.3.7 模型性质分析

对上述各种情形下的生产决策模型进行分析。

5.3.7.1 模型一 [式 (5-37)] 分析

可以看出，式（5-37）与 5.3.5.2 节"模型二 [式（5-20)]"类似。这是因为当 $\sum_{i=1}^{n}(e_i q_i) > A$，意味着再制造企业在一个生产周期内的碳排放量超过允许限额，故没有剩余的额度来出售，碳交易机制下的生产决策模型转化为类似碳限额机制下的生产决策模型，所以，模型一的分析可借助对"模型二 [式（5-20)]"的分析过程，为节省篇幅，直接给出结论，分析过程不再赘述。

（1）当企业超过碳排放限额但不需要筹资生产时，再制造企业采用不同制造技术生产产品的数量 $\mathbf{q}^* = (q_1, q_2, \cdots, q_n) = \frac{1}{2}\sum_{i=1}^{n}[D - \beta(c_i + \lambda_b e_i)]$ 时，可以获得最大期望利润。因为 $\frac{d\Pi}{dA} = \lambda_b > 0$，所以随着碳排放限额 A 的提高，再制造企业的期望利润 Π 会增长。又因为 $\frac{d\Pi}{d\lambda_b} = A - \sum_{i=1}^{n}(e_i q_i) < 0$，可知随着单位碳排放权买入价 λ_b 的提高，再制造企业的期望利润 Π 会降低。

（2）当企业超过碳排放限额且需要筹资生产时，再制造企业采用不同制造技术生产产品的数量 $\mathbf{q}^* = (q_1, q_2, \cdots, q_n) = \frac{1}{2}\sum_{i=1}^{n}\left[D - \beta(c_i + \lambda_b e_i)\left(1 + \sum_{l=1}^{r} k_l\right)\right]$ 时，可以获得最大期望利润。

综合考察碳排放限额 A 和资本成本率 k_l 对期望利润 Π 的影响，可以分三种情形来讨论。

（1）在其他参数不变的情况下，当碳排放限额 A 增加，同时资本成本率 k_l 降低时，根据式（5-37）和前提条件可知，模型中第三部分

$\lambda_b \left(\sum_{i=1}^{n} (e_i q_i) - A \right)$ 和第四部分 $\sum_{l=1}^{r} k_1 \left[\sum_{i=1}^{n} (c_i q_i) + \lambda_b \left(\sum_{i=1}^{n} (e_i q_i) - A \right) - B \right]$ 的绝对值减小，最终企业的期望利润 Π 增长。

（2）在其他参数不变的情况下，当碳排放限额 A 减小，同时资本成本率 k_1 增加时，根据式（5-37）可知，模型中第三部分 $\lambda_b \left(\sum_{i=1}^{n} (e_i q_i) - A \right)$ 和第四部分 $\sum_{l=1}^{r} k_1 \left[\sum_{i=1}^{n} (c_i q_i) + \lambda_b \left(\sum_{i=1}^{n} (e_i q_i) - A \right) - B \right]$ 的绝对值增大，最终企业的期望利润 Π 减少。

（3）当碳排放限额 A 与资本成本率 k_1 同方向变化时，即碳排放限额 A 与资本成本率 k_1 同时提高或降低，在其他参数不变的情况下，模型中第三部分 $\lambda_b \left(\sum_{i=1}^{n} (e_i q_i) - A \right)$ 和第四部分 $\sum_{l=1}^{r} k_1 \left[\sum_{i=1}^{n} (c_i q_i) + \lambda_b \left(\sum_{i=1}^{n} (e_i q_i) - A \right) - B \right]$ 的绝对值是反方向变化的，需要进行参数的灵敏度分析来判断对企业期望利润 Π 的影响，需要再分两种情况讨论。

第一，当碳排放限额 A 与资本成本率 k_1 同时提高时，对再制造企业期望利润 Π 的影响。

假设碳排放限额 A 提高到 A_1，平均资本成本率 $\overline{k_1}$ 提高到 $\overline{k_{11}}$，令 $\Delta A = A_1 - A$，$\Delta \overline{k_1} = \overline{k_{11}} - \overline{k_1}$，有：

$$\frac{\Delta A}{\Delta \overline{k_1}} > \frac{\sum_{i=1}^{n} (c_i q_i) - B + \lambda_b \left[\sum_{i=1}^{n} (e_i q_i) - A \right]}{\lambda_b (1 + \overline{k_{11}})} \qquad (5-39)$$

即只要 ΔA 与 $\Delta \overline{k_1}$ 的比值满足式（5-39），再制造企业的期望利润 Π 会增长。

第二，当碳排放限额 A 与资本成本率 k_1 同时降低时，对再制造企业期望利润 Π 的影响。

假设碳排放限额 A 降低到 A_2，平均资本成本率 $\overline{k_1}$ 降低到 $\overline{k_{12}}$，令 $\Delta A = A_2 - A$，$\Delta \overline{k_1} = \overline{k_{12}} - \overline{k_1}$，有：

$$\frac{\Delta A}{\Delta \overline{k_1}} < \frac{\sum_{i=1}^{n}(c_i q_i) - B + \lambda_b\left[\sum_{i=1}^{n}(e_i q_i) - A\right]}{\lambda_b(1 + k_{12})} \qquad (5-40)$$

即只要 ΔA 与 $\Delta \overline{k_1}$ 的比值满足式（5-40），再制造企业的期望利润 Π 会增加。

根据上述分析可以得出以下结论：在碳排放量超出限额且有筹资需求的情况下，再制造企业生产决策主要受市场需求、价格敏感系数、制造成本、单位碳排放权购买价格、资本成本率的影响。产品产量与市场需求正相关，与制造成本负相关，最优产量与碳排放限额无关。再制造企业期望利润 Π 与资本成本率 k_1 负相关，随 k_1 的增加而减小；与碳排放限额 A 正相关，随 A 的增加而增大。

5.3.7.2 模型二［式（5-38）］分析

式（5-38）表示再制造企业生产决策模型可以继续分两种情况进行分析。

（1）当企业不需要筹资生产时，式（5-38）可表示为：

$$\max \Pi = \max\left\{\sum_{i=1}^{n}(p_i q_i) - \sum_{i=1}^{n}(c_i q_i) + \lambda_s\left(A - \sum_{i=1}^{n}(e_i q_i)\right)\right\}$$

$$(5-41)$$

将 $p_i = \dfrac{D - q_i}{\beta}$（$i = 1, \cdots, n$）代入式（5-41）的期望利润函数中，分别对 $q_i(i = 1, \cdots, n)$ 求偏导得：

$$\begin{cases} \dfrac{\partial \Pi}{\partial q_1} = \dfrac{D - 2q_1}{\beta} - c_1 - \lambda_s e_1 \\ \quad\vdots \\ \dfrac{\partial \Pi}{\partial q_i} = \dfrac{D - 2q_i}{\beta} - c_i - \lambda_s e_i \\ \quad\vdots \\ \dfrac{\partial \Pi}{\partial q_n} = \dfrac{D - 2q_n}{\beta} - c_n - \lambda_s e_n \end{cases} \qquad (5-42)$$

令 $\nabla f(x) = 0$，可得：

$$
\begin{cases}
q_1 = \dfrac{1}{2}[D - \beta(c_1 + \lambda_s e_1)] \\
\quad\vdots \\
q_i = \dfrac{1}{2}[D - \beta(c_i + \lambda_s e_i)] \\
\quad\vdots \\
q_n = \dfrac{1}{2}[D - \beta(c_n + \lambda_s e_n)]
\end{cases}
\tag{5-43}
$$

式（5-41）期望利润函数 $f(x)$ 的海塞（Hessian）矩阵为：

$$
H = \begin{bmatrix}
-\dfrac{2}{\beta} & 0 & \cdots & 0 \\
0 & -\dfrac{2}{\beta} & \cdots & 0 \\
\vdots & \vdots & \vdots & 0 \\
0 & 0 & \cdots & -\dfrac{2}{\beta}
\end{bmatrix}
\tag{5-44}
$$

因为 H 是负定的，可知 $\mathbf{q} = (q_1, q_2, \cdots, q_n)$ 为极大值点，即在这种情形下，再制造企业采用不同制造技术生产产品的数量 $\mathbf{q}^* = (q_1, q_2, \cdots, q_n) = \dfrac{1}{2}\sum\limits_{i=1}^{n}[D - \beta(c_i + \lambda_s e_i)]$ 时，可以获得最大期望利润。

再分别考察碳排放限额 A 和单位碳排放量售价 λ 对期望利润 Π 的影响。

因为 $\dfrac{d\Pi}{dA} = \lambda_s > 0$，所以可得，随着碳排放限额 A 的提高，再制造企业的期望利润 Π 也会增长。

同理，因为 $\dfrac{d\Pi}{d\lambda_s} = A - \sum\limits_{i=1}^{n}(e_i q_i) > 0$，所以可得随着单位碳排放量售价 λ 的提高，再制造企业的期望利润 Π 会增长。

根据上述分析，可以得出以下结论：在碳排放额有剩余但无筹资的情况下，再制造企业生产决策主要受市场需求、价格敏感系数、制造成本的影响。产品产量与市场需求正相关，与制造成本负相关，最优产量与碳排放限额无关。企业期望利润 Π 与单位碳排放量售价 λ_s、碳排放限额 A 两者正相关，随着 λ_s、A 的增加而增加。

（2）当企业需要筹资生产时，式（5-38）可表示为：

$$\max\Pi = \max\left\{ \sum_{i=1}^{n}(p_iq_i) - \sum_{i=1}^{n}(c_iq_i) + \lambda_s\left(A - \sum_{i=1}^{n}(e_iq_i)\right) \right.$$
$$\left. - \sum_{l=1}^{r}k_l\left[\sum_{i=1}^{n}(c_iq_i) - \lambda_s\left(A - \sum_{i=1}^{n}(e_iq_i)\right) - B\right] \right\} \quad (5-45)$$

将 $p_i = \dfrac{D - q_i}{\beta}(i = 1, \cdots, n)$ 代入式（5-38）的期望利润函数中，分别对 $q_i(i = 1, \cdots, n)$ 求偏导得：

$$\begin{cases} \dfrac{\partial\Pi}{\partial q_1} = \dfrac{D - 2q_1}{\beta} - c_1 - \lambda_s e_1 - (c_1 + \lambda_s e_1)\sum_{l=1}^{r}k_l \\ \vdots \\ \dfrac{\partial\Pi}{\partial q_i} = \dfrac{D - 2q_i}{\beta} - c_i - \lambda_s e_i - (c_i + \lambda_s e_i)\sum_{l=1}^{r}k_l \\ \vdots \\ \dfrac{\partial\Pi}{\partial q_n} = \dfrac{D - 2q_n}{\beta} - c_n - \lambda_s e_n - (c_n + \lambda_s e_n)\sum_{l=1}^{r}k_l \end{cases} \quad (5-46)$$

令 $\nabla f(x) = 0$，可得：

$$\begin{cases} q_1 = \dfrac{1}{2}\left[D - \beta(c_1 + \lambda_s e_1)\left(1 + \sum_{l=1}^{r}k_l\right)\right] \\ \vdots \\ q_i = \dfrac{1}{2}\left[D - \beta(c_i + \lambda_s e_i)\left(1 + \sum_{l=1}^{r}k_l\right)\right] \\ \vdots \\ q_n = \dfrac{1}{2}\left[D - \beta(c_n + \lambda_s e_n)\left(1 + \sum_{l=1}^{r}k_l\right)\right] \end{cases} \quad (5-47)$$

式（5-38）期望利润函数 $f(x)$ 的海塞（Hessian）矩阵为：

$$H = \begin{bmatrix} -\dfrac{2}{\beta} & 0 & \cdots & 0 \\ 0 & -\dfrac{2}{\beta} & \cdots & 0 \\ \vdots & \vdots & \vdots & 0 \\ 0 & 0 & \cdots & -\dfrac{2}{\beta} \end{bmatrix} \qquad (5-48)$$

因为 H 负定,所以 $\mathbf{q} = (q_1,q_2,\cdots,q_n)$ 为极大值点,即在这种情形下,再制造企业采用不同制造技术生产产品的数量 $\mathbf{q}^* = (q_1, q_2, \cdots, q_n) = \dfrac{1}{2} \sum_{i=1}^{n} \left[D - \beta(c_i + \lambda_s e_i)\left(1 + \sum_{l=1}^{r} k_l\right) \right]$ 时,可以获得最大期望利润。

再综合考察碳排放限额 A 和资本成本率 k_l 对期望利润 Ⅱ 的影响,可以分三种情形来讨论。

(1)当碳排放限额 A 增加,同时资本成本率 k_l 减小时,根据式(5-45)和前提条件可知,提高碳排放限额 A 可以增加再制造企业的碳排放权出售收益,降低资本成本率 k_l 会降低再制造企业的资金使用成本,在其他参数不变的情况下,碳排放限额 A 增加使得模型中第三部分 $\lambda_s \left(A - \sum_{i=1}^{n}(e_i q_i) \right)$ 的绝对值增加;资本成本率 k_l 减小,使得模型中第四部分 $\sum_{l=1}^{r} k_l \left[\sum_{i=1}^{n}(c_i q_i) - \lambda_s \left(A - \sum_{i=1}^{n}(e_i q_i) \right) - B \right]$ 的绝对值减小,最终使企业的期望利润 Ⅱ 增长。

(2)当碳排放限额 A 减小,同时资本成本率 k_l 增加时,根据式(5-45)和前提条件可知,降低碳排放限额 A 会减少再制造企业的碳排放权出售收益,提高资本成本率 k_l 会增加再制造企业的资金使用成本。在其他参数不变的情况下,碳排放限额 A 减小使得模型中第三部分 $\lambda_s \left(A - \sum_{i=1}^{n}(e_i q_i) \right)$ 的绝对值减小,资本成本率 k_l 提高,使得模型中第四部分 $\sum_{l=1}^{r} k_l \left[\sum_{i=1}^{n}(c_i q_i) - \lambda_s \left(A - \sum_{i=1}^{n}(e_i q_i) \right) - B \right]$ 的绝对值增大,最终使企业

的期望利润 Π 减少。

（3）当碳排放限额 A 与资本成本率 k_1 同方向变化时，即碳排放限额 A 与资本成本率 k_1 同时提高或降低，在其他参数不变的情况下，模型中第三部分 $\lambda_s\left(A - \sum\limits_{i=1}^{n}(e_iq_i)\right)$ 和第四部分 $\sum\limits_{l=1}^{r}k_1\left[\sum\limits_{i=1}^{n}(c_iq_i) - \lambda_s\left(A - \sum\limits_{i=1}^{n}(e_iq_i)\right) - B\right]$ 的绝对值是反方向变化的。在这种情况下，需要进行参数的灵敏度分析来判断对企业期望利润 Π 的影响，需要再分两种情况讨论。

第一，当碳排放限额 A 与资本成本率 k_1 同时提高时，对再制造企业期望利润 Π 的影响。

假设碳排放限额 A 提高到 A_1，平均资本成本率 $\overline{k_1}$ 提高到 $\overline{k_{11}}$，令 $\Delta A = A_1 - A$，$\Delta \overline{k_1} = \overline{k_{11}} - \overline{k_1}$，有：

$$\Pi = \sum_{i=1}^{n}(p_iq_i) - \sum_{i=1}^{n}(c_iq_i) + \lambda_s\left(A - \sum_{i=1}^{n}(e_iq_i)\right)$$
$$- \overline{k_1}\left[\sum_{i=1}^{n}(c_iq_i) - \lambda_s\left(A - \sum_{i=1}^{n}(e_iq_i)\right) - B\right]$$

$$\Pi' = \sum_{i=1}^{n}(p_iq_i) - \sum_{i=1}^{n}(c_iq_i) + \lambda_s\left(A_1 - \sum_{i=1}^{n}(e_iq_i)\right)$$
$$- \overline{k_{11}}\left[\sum_{i=1}^{n}(c_iq_i) - \lambda_s\left(A_1 - \sum_{i=1}^{n}(e_iq_i)\right) - B\right]$$

令 $\Pi' - \Pi > 0$，整理得：

$$\frac{\Delta A}{\Delta \overline{k_1}} > \frac{\sum\limits_{i=1}^{n}(c_iq_i) - B + \lambda_s\left[\sum\limits_{i=1}^{n}(e_iq_i) - A\right]}{\lambda_s(1 + \overline{k_{11}})} \qquad (5-49)$$

因此，当碳排放限额 A 与资本成本率 k_1 同时提高时，只要 ΔA 与 $\Delta \overline{k_1}$ 的比值满足式（5-49），再制造企业的期望利润 Π 会增长。

第二，当碳排放限额 A 与资本成本率 k_1 同时降低时，对再制造企业期望利润 Π 的影响。

假设碳排放限额 A 降低到 A_2，平均资本成本率 $\overline{k_1}$ 降低到 $\overline{k_{12}}$，令

$\Delta A = A_2 - A$，$\Delta \overline{k_1} = \overline{k_{12}} - \overline{k_1}$，有：

$$\Pi = \sum_{i=1}^{n} (p_i q_i) - \sum_{i=1}^{n} (c_i q_i) + \lambda_s \left(A - \sum_{i=1}^{n} (e_i q_i) \right)$$
$$- \overline{k_1} \left[\sum_{i=1}^{n} (c_i q_i) - \lambda_s \left(A - \sum_{i=1}^{n} (e_i q_i) \right) - B \right]$$

$$\Pi' = \sum_{i=1}^{n} (p_i q_i) - \sum_{i=1}^{n} (c_i q_i) + \lambda_s \left(A_2 - \sum_{i=1}^{n} (e_i q_i) \right)$$
$$- \overline{k_{12}} \left[\sum_{i=1}^{n} (c_i q_i) - \lambda_s \left(A_2 - \sum_{i=1}^{n} (e_i q_i) \right) - B \right]$$

令 $\Pi' - \Pi > 0$，整理得：

$$\frac{\Delta A}{\Delta \overline{k_1}} < \frac{\sum_{i=1}^{n} (c_i q_i) - B + \lambda_s \left[\sum_{i=1}^{n} (e_i q_i) - A \right]}{\lambda_s (1 + \overline{k_{12}})} \qquad (5-50)$$

因此，当碳排放限额 A 与资本成本率 k_1 同时降低时，只要 ΔA 与 $\Delta \overline{k_1}$ 的比值满足式（5-50），再制造企业的期望利润 Π 会增加。

根据上述分析，可以得出以下结论：在碳排放额有剩余且有筹资需求的情况下，再制造企业生产决策主要受市场需求、价格敏感系数、制造成本、单位碳排放量售价、资本成本率的影响。产品产量与市场需求正相关，与制造成本负相关，最优产量与碳排放限额无关。再制造企业期望利润 Π 与资本成本率 k_1 负相关，随 k_1 的增加而减小；与碳排放限额 A 正相关，随 A 的增加而增大。

5.4　本章小结

为了达到减少碳排放总量的目的，政府建立了各种碳减排机制促使企业采取措施来响应宏观政策调控。在这个过程中，企业往往会面临资金短缺的问题，因此，有必要研究在碳减排机制下考虑筹资因素的再制造企业生产决策。

本章一是论述了再制造企业筹资的作用、筹资动机、筹资渠道和筹资方式以及再制造企业常用的筹资工具，分析了不同筹资工具对再制造企业筹措资金的影响。二是根据再制造企业生产过程中资金形态的变化，从会计核算角度分析了再制造企业在生产准备过程中和生产过程中资金形态变化的交易或事项。在此基础上，从再制造生产运作角度出发，分别建立了有筹资需求时在征收碳税、碳排放限额、碳排放交易等碳减排机制下的再制造生产决策模型，分析了模型中的参数灵敏度，并对模型进行了求解和优化，得到以下结论：

在征收碳税且有筹资需求的情况下，再制造企业生产决策主要受市场需求、价格敏感系数、制造成本、碳税、资本成本率的影响。产品产量与市场需求正相关，与制造成本负相关。最优产量 q^*、企业期望利润与碳税 τ、资本成本率 k_l 负相关，随碳税 τ 和资本成本率 k_l 的增加而减小。

在碳排放限额强制约束且有筹资需求的情况下，再制造企业生产决策主要受市场需求、价格敏感系数、制造成本、单位超限额罚款、资本成本率的影响。产品产量与市场需求正相关，与制造成本负相关，最优产量与碳排放限额无关。再制造企业期望利润 Π 与资本成本率 k_l 负相关，随 k_l 的增加而减小；与碳排放限额 A 正相关，随 A 的增加而增大。

在碳交易机制下，当碳排放量超出再制造企业限额且有筹资需求的情况下，再制造企业采用不同制造技术生产产品的数量 $q^* = (q_1, q_2, \cdots,$

$$q_n) = \frac{1}{2} \sum_{i=1}^{n} \left[D - \beta(c_i + \lambda_b e_i)\left(1 + \sum_{l=1}^{r} k_l\right) \right]$$ 时，可以获得最大期望利润。

并且：（1）当碳排放限额 A 增加，同时资本成本率 k_l 减小时，在其他参数不变的情况下，最终企业的期望利润增大；反之，则利润减少。（2）当碳排放限额 A 与资本成本率 k_l 同时增加或减小时，需要进行参数灵敏度分析来判断对企业期望利润的影响，具体结论见文中分析。

在碳交易机制下，当碳排放量未超出再制造企业限额且有筹资需求的情况下，再制造企业采用不同制造技术生产产品的数量 $q^* = (q_1, q_2, \cdots,$

$$q_n) = \frac{1}{2} \sum_{i=1}^{n} \left[D - \beta(c_i + \lambda_s e_i) \left(1 + \sum_{l=1}^{r} k_l \right) \right]$$ 时，可以获得最大期望利润。

并且：（1）当碳排放限额 A 增加，同时资本成本率 k_l 减小时，在其他参数不变的情况下，最终使企业的期望利润增大；反之，则利润减少。（2）当碳排放限额 A 与资本成本率 k_l 同时提高时，只要 ΔA 与 $\Delta \overline{k_l}$ 的比值满足式（5 - 49），再制造企业的期望利润 Π 会增加。（3）当碳排放限额 A 与资本成本率 k_l 同时降低时，只要 ΔA 与 $\Delta \overline{k_l}$ 的比值满足式（5 - 50），再制造企业的期望利润 Π 会增加。

第6章 考虑投资因素的再制造企业生产项目决策研究

大力发展低碳、循环利用的再制造产业，顺应了绿色经济的发展，是调整升级传统产业、实现新兴产业和传统产业融合发展、增强我国工业竞争力水平、拉动工业增长的主导力量。再制造产业的发展，将会在传统产业中引入并建立一些新的技术标准，投资并发展与这些技术标准兼容的技术及项目，才能够融入、参与到全球的分工体系中。因此，有必要研究碳减排背景下企业再制造生产项目的投资决策问题。

6.1 再制造企业生产项目投资概述

6.1.1 再制造企业生产项目投资构成

对于工业制造型企业来说，投资是为了获取未来收益而向一定对象投放资金的经济行为。未来收益表现为未来可预见时期内获得的收益或使投放资金发生增值；投放资金表现为在某一时机下向某一领域的标的物投放一定量的资金形式或非资金形式的货币等价物。一般地，根据企业投向对象的不同，投资区分为项目投资和金融投资；根据项目投资与再制造企业生产业务的联系的密切程度，又分为生产项目投资和非生产项目投资。工业制造型企业投资体系构成，如图6－1所示。

再制造企业生产项目投资是将筹资所获取的资金直接投入生产经营性资产上，以形成再制造生产能力，展开再制造生产经营活动，如再制造生产设备购置、生产场所建造、生产设施修建等，是再制造企业内部由于生产经营需要而进行的长期资产的投资行为。生产项目投资既是再制造企业生存、发展、获利的基本前提，亦是其风险控制的重要手段。生产项目投资通常表现为投资金额大、投资周期长、投资风险大、变现能力弱以及不易逆转等特性。

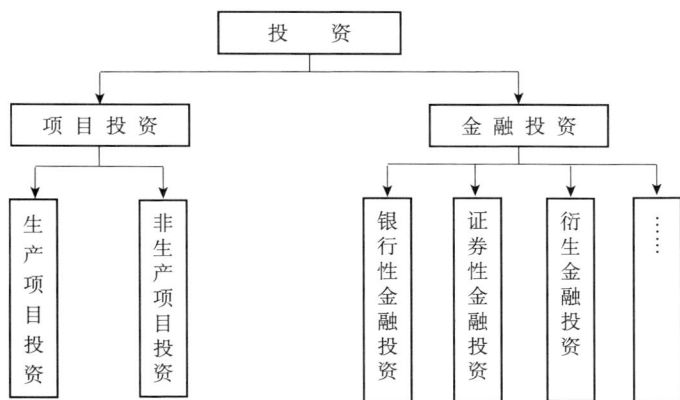

图 6-1　工业制造型企业投资体系构成

资料来源：笔者根据定义绘制。

生产项目投资对于再制造企业非常重要，再制造企业的生产项目投资决策对其经营发展有重大的影响，轻率的生产投资决策对再制造企业而言有害无益。因此，再制造生产企业需要对生产项目投资依照科学的程序和方法进行。

6.1.2　再制造企业生产项目投资意义

有学者定义投资为："投资是为获取未来的资金而牺牲当前的资金"。[①]《投资学精要》一书中提出："投资是牺牲当前的资金或其他资源

---

① ［美］威廉·夏普，亚历山大·戈登和杰弗里·贝利. 投资学（第六版）［M］. 北京：清华大学出版社，2002.

以求获得未来的预期收益"。①因此，投资通常是指，在当前投入一定数量的资金以求得在未来能够获得不确定数量的预期收益。

投资一般具有时间和风险两方面的特征：一是表现在发生时点上，牺牲的资金，作为投资支出发生在当前；获得的收益，作为投资回报发生在未来。二是表现在投资风险上，牺牲的资金，作为投资成本是确定的；获得的收益，作为投资预期则具有不确定性。正如美国哈佛大学的托马斯·C.帕特森（Thomas C. Patterson）曾指出："投资是企业融资的目的所在，企业生存和发展的前景如何，在很大程度上取决于经营者的知识水平。所以，在决定企业投资方向、规模和期限以及投资组合时，一定要对投资项目的经济效益作认真的分析和测评"。企业发展的大量事例也充分表明，准确地把握投资机会能给企业带来丰厚的回报，使企业快速发展壮大；盲目随意的投资则会使企业"伤筋动骨"，甚至濒临破产倒闭。② 因此，在市场经济条件下，再制造企业能否把筹集到的资金投资于回收快、收益高、风险小的项目上，对企业夯实其生存基础并得到健康、快速的发展十分重要。

6.1.2.1 再制造企业生产项目投资是实现再制造企业管理目标及财务管理目标的基本前提

再制造企业管理的目标可以概括为生存、发展和获利；财务管理目标服从企业目标并服务于企业目标，需要不断提高企业价值。为此，再制造企业就必须将可支配的资金投放到各种资产中，采取各种措施以增加利润、降低风险。

6.1.2.2 再制造企业生产项目投资是企业生存发展的必要手段

科学技术进步，再制造企业的简单再生产和扩大再生产均须进行一定的投资。在简单再生产方式下，包含了对产品和工艺的改造、对现有

---

① ［美］兹维·博迪，凯恩·亚历克斯和马库斯·艾伦. 投资学精要（第八版）［M］. 北京：清华大学出版社，2011.

② 上官敬芝. 财务管理学（第二版）［M］. 北京：高考教育出版社，2015：121.

生产设备的更新、对员工技术能力提升的投入等；在扩大再生产方式下，则必须新建及改扩建厂房、增添生产设备、增加员工和提高人员素质等。因此，再制造企业增强企业实力、广开财源，需要进行一系列投资活动。

6.1.2.3　再制造企业生产项目投资是降低风险的重要方法

再制造企业通过向生产经营的薄弱环节、关键环节进行投资，能够使企业的各种生产经营能力匹配、平衡，形成更强大的综合生产能力，进而降低再制造企业生产经营中的风险。

6.1.2.4　再制造企业生产项目投资符合政府引导的投资方向

政府通过引导基金等政策方式引导企业的创业行为及投资行为，支持科技型企业创业投资和技术创新投资。再制造企业充分利用投资政策，蕴含先进技术水平的生产项目再投资，顺应了政府对于投资的发展导向，既能够在投资中防范风险并降低风险，也能够发挥财政资金杠杆的放大效应，增强再制造企业价值。

6.1.3　再制造企业生产项目投资程序

再制造企业生产项目投资是一项具体而复杂的系统工程，科学的生产项目投资决策程序一般包括项目投资的事前、事中及事后三个阶段。再制造企业不同阶段下生产项目投资内容，如表 6 - 1 所示。

表 6 - 1　　　　　再制造企业不同阶段下生产项目投资内容

阶段	概括内容	具体内容
事前阶段	再制造生产项目投资决策	①生产项目投资计划的提出：根据业务发展需要提出有价值的生产项目投资意见，再由企业相关业务部门讨论，提出初步的生产项目投资计划； ②生产项目投资的评价：测算生产项目投资的各项关键性指标，运用一定的方法对生产项目投资进行可行性分析，评价结果； ③生产项目投资决策：依据不同的决策选择标准，对可行性的生产项目进行决策选择，决策结果通常包括三种情况：接受该生产项目投资，拒绝该生产项目投资，该生产项目需要重新调查修正后再决策

续表

阶段	概括内容	具体内容
事中阶段	生产项目投资实施与监控	①筹集生产项目投资所需资金； ②按照生产项目投资计划、有步骤地实施该项目； ③对生产项目的资金投入、实施进度、实施成本、项目质量等内容进行监督和控制，以确保符合预算安排； ④定期或不定期地对生产项目的实施进行分析，确定差异并分析其原因，提出不同的处理意见
事后阶段	生产项目投资事后审计与评价	生产项目投资的事后审计通常由再制造企业内部审计部门独立完成，若企业审计能力受限，可通过外部第三方审计机构进行。 ①收集并汇总生产项目投资的所有数据； ②将生产项目投资的实际完成情况与预期进行对比，并分析差异的产生及原因，提出意见； ③根据审计结果对生产项目投资进行绩效评价，以持续提高生产运作管理能力

资料来源：笔者整理而得。

6.1.4 再制造企业生产项目投资管理的基本原则

再制造企业意欲新建生产项目或改扩建生产项目，需要遵循生产项目投资管理的基本原则，主要包括以下四点。

6.1.4.1 集中统一管理和分散管理相结合原则

为保证再制造企业生产项目的协调性与整体性，发挥其最佳投资效益，必须对生产项目投资进行集中管理。但是，由于再制造企业生产项目可能具有的独立性以及特殊性、复杂性，也必须实行一定程度的分散管理或分级控制管理。

6.1.4.2 权威等级和指导统一相结合原则

现代化的企业管理，需要按照社会化大生产方式进行分级递进式管理，即权威等级管理。[1] 在这个权威等级管理下，每一层次的组织管理人及负责人，都有其确切的管理范畴和管理权限。同时，为了发挥分级管理的作用，以及保证管理程序的协调、有序推进，整个再制造生产项目

---

① 陈荣秋，马士华. 生产运作管理（第三版）[M]. 北京：机械工业出版社，2011：356.

需要在企业最高领导层的统一指导下进行。

6.1.4.3　专业化和协作化分工相结合原则

再制造企业的专业化是以生产的再制造产品品种多少、工艺类型与工艺方法的单一化程度进行衡量的。专业化程度较高的再制造企业，再制造产量通常也较大，但生产任务较为单一。正是由于专业化程度的提高，再制造企业必然需要大量的外协件进行协作化生产。因此，再制造企业在生产中需要发挥专业化优势，同时加强协作生产，以达到最优的生产效果。①

6.1.4.4　必要与精简相结合原则

再制造作为绿色制造，是一种需要综合考虑环境影响和资源利用效率的现代工业制造模式。生产管理者不仅要对提供的再制造产品负责，而且要对生产环节中产生的废水、废气、废渣负责。因此，在整个绿色供应链内，再制造企业的生产投资项目须以必要的绿色制造理论和供应链管理技术为基础，对再制造生产的全流程进行合理精简，以达到对环境的影响（副作用）最小，资源效率最高。②

6.2　再制造企业生产项目投资评价体系构建与分析

在企业项目投资方案的传统评价体系中，往往只考虑经济因素，采用经济效益指标这一单一的标准进行分析。但是，对于再制造企业生产项目的评价，既要考虑生产项目自身的经济因素。也要考虑影响项目可持续发展的其他非经济因素，如技术层面的安全性、可控性、先进性、柔性等；企业战略层面的可操作性、社会协调性、环境保护、资源利用

---

①　徐娟，马海莲.再制造产业的投融资机制研究［J］.东方企业文化，2011（2）：260.

②　朱文婷.星火数控机床再制造项目商业计划书［D］.兰州：兰州大学，2015.

等。因此，需要建立一个全面、合理的生产项目投资决策评价体系，结合定量分析与定性分析，采用一定的决策方法进行投资决策的优化设计。

6.2.1　再制造企业生产项目投资决策影响因素分析

影响再制造企业生产项目投资决策的因素很多，本节参考《中国再制造产业标准体系及评价标准》，以再制造企业的角度，从经济效益、技术支持和可持续发展三个方面遴选了有代表性的因素，具体分析如下。①

6.2.1.1　经济效益因素

以反映经济效益为目标的再制造企业生产项目投资决策评价指标，是由一系列综合反映投资效益、投入产出关系的量化指标所构成的。在进行项目经济效益投资决策时，需要以投资项目现金流量为基础、采用特定的指标对备选投资方案进行分析，通过衡量投资项目的可行性，作为进行投资决策的标准和尺度。因此，必须先确定生产项目投资方案的现金净流量。

再制造现金流量是指，由于某个再制造生产项目投资使得企业现金流入和企业现金流出的变化量，主要包括现金流入量、现金流出量以及现金净流量。现金流入量与现金流出量分别是指，再制造生产项目投资引起的现金收入与现金支出的增加额；现金净流量是指，在一定时期内现金流入量减去现金流出量的差额。再制造生产项目投资采用现金净流量作为评价项目投资经济效益的基础，主要原因在于四个方面：一是从再制造生产项目投资完整的寿命期限上看，现金净流量总额等同于会计的利润总额；二是在再制造生产项目投资的分析中，现金的流动性往往比企业的盈亏状况更重要；三是使用现金流量能够有利于再制造企业科学地考虑资金的时间价值；四是现金流量更加客观、真实，不易受到人为因素、会计政策选择的影响，对管理者评价再制造生产项目投资来说

---

① 中国标准化研究院 . 中国再制造产业标准体系及评价标准 ［EB/OL］. https：//www. sohu. com/a/110546679_200899.

更为可靠。

着眼于财务评价视角，按照是否考虑资金时间价值将再制造生产项目投资决策评价指标分为两类：一类是静态的非贴现指标，即不考虑资金时间价值因素的指标，包括再制造企业投资费用、投资报酬率、静态投资回收期等；另一类是动态的贴现指标，即考虑资金时间价值因素的指标，包括净现值、获利指数、内含报酬率、动态投资回收期等。出于简化考虑，以下对于财务指标评价的分析基于两点假设进行：一是再制造生产项目原始投资发生在项目的初期，不考虑分期投资或者投资额不足等情况；二是企业适用所得税税率稳定，不考虑所得税对每年现金净流量的影响。

1. 投资费用

投资费用（investment cost，IC）是再制造企业生产项目从前期准备到项目竣工投产所发生的全额投入。受实际生产条件、产能等因素的限制，对一定规模的再制造生产项目来说，需要最大程度上采用系统优化技术进行项目生产设计，以确保经济效益目标评价中的投资费用目标最小化。

2. 投资报酬率

投资报酬率（return on investment，ROI）即投资收益率，是生产项目经济使用寿命期内的平均年投资报酬率，即在生产正常运营期间的年平均现金净流量占原始投资额的百分数。它反映了再制造企业单位生产项目投资额的盈利能力。投资报酬率表达式为：

$$\text{ROI} = \frac{\left(\sum_{t=1}^{n} \text{NCF}_t\right) / n}{C_0} \qquad (6-1)$$

在式（6-1）中，n 为项目的经济寿命期，NCF_t 为第 t 年的现金净流量，C_0 为原始投资额。

采用投资报酬率这一指标进行决策评价时，计算出的项目投资报酬率需要大于或等于行业（企业）要求的必要报酬率水平。因此，优选项目投资报酬率最高的方案。

3. 回收期

回收期是反映项目财务上的投资回收能力的一项重要指标。回收期体现了项目收回原始投资所需要的时间，即项目每年产生的现金流量抵偿原始投资所需要的全部时间。[①] 根据项目投资每年产生的现金净流量是否考虑资金的时间价值，回收期包括了静态投资回收期（static payback period，SPP）和动态投资回收期（dynamic payback period，DPP）。

静态投资回收期的表达式为：

$$\sum_{t=1}^{T_{SPP}} NCF_t - C_0 = 0 \qquad (6-2)$$

在式（6-2）中，T_{SPP} 为静态投资回收期，NCF_t 为每年产生的现金净流量，C_0 为原始投资。

动态投资回收期的表达式为：

$$\sum_{t=0}^{T_{DPP}} \frac{NCF_t}{(1+i)^t} = 0 \qquad (6-3)$$

在式（6-3）中，T_{DPP} 为动态投资回收期，NCF_t 为第 t 年的现金净流量，i 为折现率（通常为要求的基准收益率或资金成本率、社会平均收益率水平）。

式（6-2）表明，再制造生产项目在投产经营后，每年产生的现金净流量之和减去原始投资为零时，即再制造生产项目经营累计产生的现金净流量刚好将投资收回时，所对应的那一年 T_{SPP} 即为回收期。

在式（6-3）中，将再制造生产项目的原始投资视为现金流出量。考虑资金的时间价值，一般以企业要求的基准收益率为折现率，项目累计的现金净流量为零时，所对应的那一年 T_{DPP} 即为回收期。

回收期指标是评价再制造生产项目投资回收能力及风险的主要指标。一般来说，企业对于发生的投资行为，希望尽快收回投资，即回收期越

[①] 财政部注册会计师考试委员会. 财务成本管理［M］. 北京：经济科学出版社，2019.

短越好。因此，无论是静态投资回收期还是动态投资回收期，在进行再制造生产项目投资决策评价时应遵循的规则是，回收期小于或等于企业要求的回收期，项目可以接受；反之，则予以拒绝。

4. 净现值

净现值（net present value，NPV）是再制造企业生产项目在经济寿命期内，每年产生的现金净流量的现值之和。其表达式为：

$$NPV = \sum_{t=0}^{n} \frac{NCF_t}{(1+i)^t} = \sum_{t=0}^{n} (NCF_t \times PVIF_{i,t}) \qquad (6-4)$$

在式（6-4）中，n 为项目的经济寿命期，NCF_t 为第 t 年的现金净流量，i 为折现率（通常为要求的基准收益率或资金成本率、社会平均收益率水平）。

净现值是一个贴现的绝对值指标，能够灵敏地反映再制造生产项目投资带来的预期收益额，体现了项目在经济寿命期内的获利能力。因此，在投资方案决策评价中，要剔除净现值小于零的项目，优选净现值最大的项目。

5. 获利指数

获利指数（present value index，PI）表示再制造生产项目投入使用后发生的现金净流量的现值是初始投资额的倍数，亦称为现值指数。其表达式为：

$$PI = \frac{\sum_{t=1}^{n} \dfrac{NCF_t}{(1+i)^t}}{C_0} \qquad (6-5)$$

获利指数体现了每发生 1 个单位的投资额，对应能够获得的收益额。作为相对数的经济效益评价指标，获利指数可以反映不同投资规模项目方案的投资效率。

获利指数指标与净现值指标从本质上来说是一致的。如果某再制造生产项目投资净现值大于等于零，那么，获利指数一定是大于等于 1 的。因此，采用获利指数指标进行投资决策评价时，要优选获利指数最大的方案。

6. 内含报酬率

内含报酬率（internal reward rate，IRR）是能够使再制造生产项目在经营中产生的现金净流量与原始投资额相等时的贴现率水平，即能够使得该项目净现值为零时的贴现率，也称为内部收益率。其表达式为：

$$\sum_{t=1}^{n} \frac{NCF_t}{(1 + IRR)^t} = C_0 \qquad (6-6)$$

内含报酬率反映了再制造生产项目投资真正能够给企业带来的报酬率水平。因此，以该指标作为投资决策评价指标进行分析时，要选择内含报酬率高于企业要求的必要报酬率或资金成本率，并优选最大值。

6.2.1.2 技术支持因素

企业再制造生产离不开技术支持，一方面，作为符合经济环保标准的再制造生产项目，有追求先进技术的需要；另一方面，制造的社会生产力水平与再制造的社会生产力水平不断提高，客观上也要求符合低碳经济生产的再制造项目具备高标准的技术水平。

近些年来，许多学者对再制造生产项目的技术问题进行了深入的理论研究。在实践中，众多再制造生产企业也积极践行再制造生产技术。与此同时，中国再制造标准化推进力度也不断增强。在"十二五"期间，技术标准制定取得了重大进展。截至 2019 年，我国已发布再制造国家标准 28 项，其中，国家标准 16 项、行业标准 12 项。正在制定中的国家标准有 20 项。标准已覆盖汽车、机械、基础通用标准、内燃机、电子电器、激光再制造等产业。再制造标准空白得到填补，标准覆盖范围不断扩展，政策措施逐步完善，标准对再制造产业的支撑效果显著提升。对再制造生产项目而言，整个技术系统支持因素既包括再制造生产项目本身的技术评价，也包括再制造生产过程对系统技术水平的影响。

1. 安全性

尽管再制造产品形式多样、种类繁多，生产周期、生产过程不尽相同，但无论是哪一种产业的再制造生产，投入的再制造项目先要保证安全性。因此，需要制定再制造生产项目相关的技术文件，确定相应的质量可靠性标准：一方面，对再制造过程和产品的技术规范进行收集和制定，明确再制造产品的执行标准，确保再制造产品性能不低于新品的性能；另一方面，通过设定再制造产品合格率（％）、再制造产品首次无故障时间（小时）等质量可靠性数据，确保减少直接或间接的安全事故，创造和发挥直接或潜在的安全效益。安全性表明，在再制造生产项目正常运行或非正常运行过程中，对项目自身和外界产生的影响，安全性越高，影响程度越小。

2. 可控性

再制造生产流程复杂，且多有重复过程及交叉环节。针对再制造生产的全过程（再制造毛坯收集、初检、拆解、清洗、检测与分类、再制造、装配、检验等）程序，需要根据每一程序的操作要求标准进行毛坯件的取得、再制造产品生产及验收等，使道道程序规范、可追溯、可控。对再制造生产项目而言，由于受到项目投资、生产条件等现实因素的制约，在项目范围内尽可能地采用系统优化技术进行项目设计，使可控性指数达到最大值。

3. 先进性

再制造生产项目投资需要明确其技术路线，尽可能地掌握该项目技术发展的最新水平及趋势，以便确定投入的再制造生产项目拥有较为先进的技术及良好的效益。同时，结合再制造企业资源条件、科技水平、管理水平以及资金情况等形成企业的生产能力。此外，先进再制造产品必须具有明显的再制造产品标记和安全警示标志，应当按照不低于新品标准进行装配、检测和试验，使用说明或操作说明内容全面、准确，且通俗易懂。因此，贯彻先进性技术指标，可以带来良好的再制造产品性能，进而为企业带来良好的经济效益。

4. 柔性

柔性是再制造生产项目在某些条件改变的情况下，能够及时调整，以达到或满足工艺要求的能力、稳定生产运行的能力。再制造生产项目须具备一定的柔性，才能灵活适应变化的工况，保持合理的物耗、能耗，才能保证较低的生产成本。对再制造生产项目来说，常常会受制于工程建设投资、生产资源配置等多方面的问题。因此，基于适用、成熟的再制造技术，配备先进、可靠的检测设备和检测仪器，满足再制造核心生产工艺独立运行管理、产业化生产的需要，在一定范围内采用柔性指标进行评价测定，可以加大项目运行的稳定性和适应性。

6.2.1.3 可持续发展因素

可持续发展是既要考虑再制造企业当前发展的需要，也要考虑未来发展的需要，不以牺牲将来利益为代价换取眼前的发展，同时，对于再制造企业可能面临的环境震荡，能够继续保持发展趋势的一种健康发展观。因此，可持续发展越来越多成为再制造企业生产项目投资决策的一项重要评价指标。

1. 可操作性

工业化生产模式，要求再制造企业的生产项目投资必须能够将影响因素转化为可以测量的数据形式。因此，再制造企业需要在生产项目投资实施前、实施中组织其管理，结合技术、环境、资源等条件，确保生产项目的具体行动能够做到可观测、可重复、可直接操作、可检验，以提高具体操作的成功率。

2. 社会协调性

在再制造企业的日常经营中，追求自我发展与履行社会责任在许多方面是一致的。比如，企业生产适销对路产品，既创造了自身的价值，也满足了社会需求；企业扩大经营、研发新技术，创造了就业机会、推动了科技和生产力的发展进步；企业提高劳动生产率，提升产品品质，改善服务质量，从而提高了社会生产效率和人民的生活质量；在创造企业价值最大化的同时，实现社会财富的最大化。但是，再制造企业的发展也会存在与社会发展不协调的地方。比如，再制造企业在拆解、清洗、加工及装配、废料处理等过程中，极易产生废水、废气、废渣等，若没有相应的处理措施及处理设备，直接排放的这些废弃物既有损于企业员工的健康，也会造成社会环境的污染。因此，要消除再制造企业发展中产生的这些负面影响，必须按照再制造企业绿色发展目标进行生产项目投资，确保企业与社会发展的最大协调性，实现再制造企业经济效益与社会效益的双赢。

3. 环境保护及资源利用

环境是以人类为主体的外部世界，是人类赖以生存和发展的天然和人工改造过的各种自然因素的综合体。[①] 人类经济活动对于环境的影响主要表现为两方面：一是为满足人类的各种需要，源源不断地从环境中获取自然物质；二是人类活动持续不断地向环境中排放各种生产废弃物、生活废弃物。如果废弃物的排放量超出环境容量和环境净化能力所允许的范围，就会导致环境污染、恶化、生态破坏。[②] 增加对资源的重复有效利用，加强对环境的保护，日益成为全社会的共识。因此，在再制造企业生产项目投资决策中，需要考虑再制造生产尽可能减少对资源的索取，并使新增废弃物排放总量最小化，以达到最大程度上对环境的保护和资源的有效利用。

6.2.2 再制造企业生产项目投资评价体系

根据再制造企业生产项目投资决策影响因素的分析，结合再制造产业标准体系，本节拟构建再制造企业生产项目投资评价体系，并基于层次分析法（analytic hierarchy process，AHP）对再制造企业生产项目投资决策进行分解，形成不同级别下的评价目标，并对各个评价指标进行分析。

6.2.2.1 基于 AHP 的再制造生产项目投资评价模型

层次分析法是萨迪（Saaty）于 20 世纪 70 年代提出的一种多准则决

---

① 曾敏刚. 过程工业企业再生产投资决策的研究［D］. 广州：华南理工大学，2002.

② 杨少华. 基于环境（火用）经济学策略的清洁过程系统优化研究［D］. 广州：华南理工大学，2000.

策分析方法，是将与决策相关的因素分解成目标、准则、措施等不同递阶层次，通过两两比较方式确定诸因素的相对重要性，以此进行相关的定性分析与定量分析。该方法系统性强、操作灵活，广泛应用于经济、社会研究的多个领域。

根据6.2.1小节的分析，结合再制造企业生产项目投资评价目标，构建如图6-2所示的再制造企业生产项目投资评价体系模型，包括目标层、准则层、措施层。

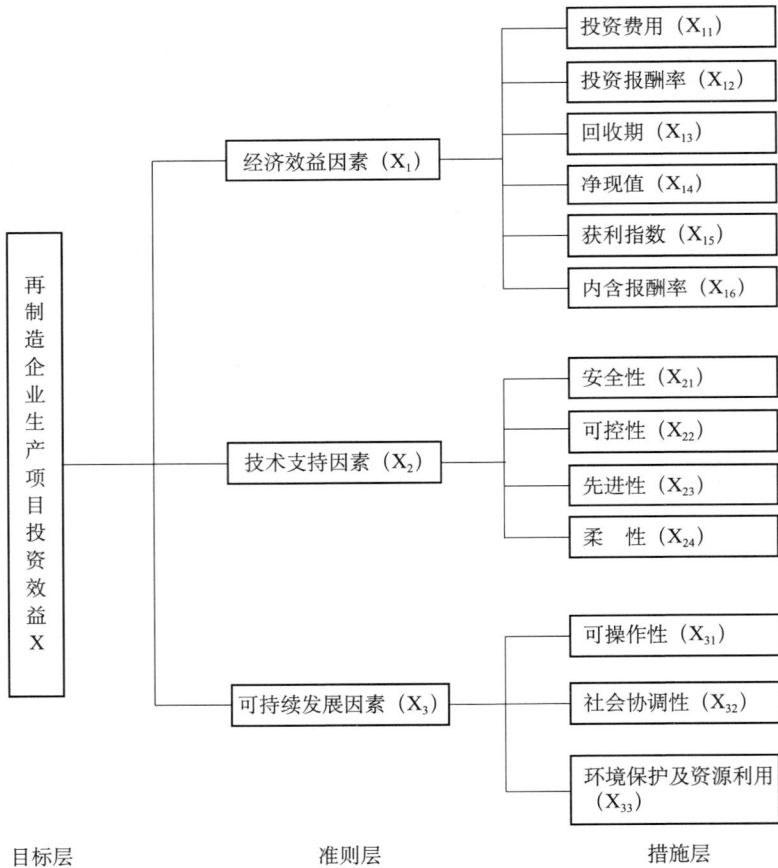

图6-2 再制造企业生产项目投资评价体系模型

资料来源：笔者绘制。

6.2.2.2　建立判断矩阵并求解

1. 确立评价标度

判断矩阵采用 1~9 标度，各因素之间通过两两比较用一量化值表示相对重要性程度，标度含义如表 6-2 所示。

表 6-2　　　　　　　　　　　　　　标度含义

标度 a_{ij}	定义
1	因素 i 与因素 j 一样重要
3	因素 i 比因素 j 略微重要
5	因素 i 比因素 j 较为重要
7	因素 i 比因素 j 非常重要
9	因素 i 比因素 j 绝对重要
2，4，6，8	以上两两判断中间状态对应的标度值
倒数	因素 j 与因素 i 相比，判断值为 $a_{ji} = 1/a_{ij}$，$a_{ii} = 1$

资料来源：笔者根据层次分析法标度定义整理而得。

2. 建立判断矩阵

采用专家评判法来对各因素进行评判，从而建立起各级判断矩阵，如表 6-3~表 6-6 所示。

准则层 $X_j(j=1，2，3)$ 相对目标层 X 的判断矩阵，如表 6-3 所示。

表 6-3　　　　　　准则层 X_j 相对目标层 X 的判断矩阵

X	X_1	X_2	X_3
X_1	1	2	2
X_2	1/2	1	1
X_3	1/2	1	1

资料来源：笔者根据相关数据整理计算而得。

措施层 $x_{ij}(i=1，2，3；j=1，2，3，4，5，6)$ 相对准则层 $X_j(j=1，2，3)$ 的判断矩阵如表 6-4、表 6-5 和表 6-6 所示。

表 6-4　　　　　措施层 x_{1j} 相对准则层 X_1 的判断矩阵

X_1	x_{11}	x_{12}	x_{13}	x_{14}	x_{15}	x_{16}
x_{11}	1	1/4	1/4	1/6	1/4	1/2
x_{12}	4	1	1	1/3	1	3
x_{13}	4	1	1	1/3	1	3

X_1	x_{11}	x_{12}	x_{13}	x_{14}	x_{15}	x_{16}
x_{14}	6	3	3	1	3	5
x_{15}	4	1	1	1/3	1	3
x_{16}	2	1/3	1/3	1/5	1/3	1

资料来源：笔者根据相关数据整理计算而得。

表 6 - 5　　　　　　措施层 x_{2j} 相对准则层 X_2 的判断矩阵

X_2	x_{21}	x_{22}	x_{23}	x_{24}
x_{21}	1	2	2	5
x_{22}	1/2	1	1	3
x_{23}	1/2	1	1	3
x_{24}	1/5	1/3	1/3	1

资料来源：笔者根据相关数据整理计算而得。

表 6 - 6　　　　　　措施层 x_{3j} 相对准则层 X_3 的判断矩阵

X_3	x_{31}	x_{32}	x_{33}
x_{31}	1	2	1/5
x_{32}	1/2	1	1/4
x_{33}	5	4	1

资料来源：笔者根据相关数据整理计算而得。

3. 计算各因素权重

根据表 6 - 3 ~ 表 6 - 6 专家给出的各级判断矩阵，采用方根法计算对应的特征向量，利用软件进行求解，所求特征向量即为各因素指标的权重，结果如下：

$$X_j^X = [0.50, 0.25, 0.25]^T \quad j = 1, 2, 3$$

$$x_{1j}^{X_1} = [0.043\,6, 0.162\,8, 0.162\,8, 0.403\,0, 0.162\,8, 0.064\,9]^T$$
$$j = 1, 2, 3, 4, 5, 6$$

$$x_{2j}^{X_2} = [0.448\,8, 0.234\,6, 0.234\,6, 0.081\,9]^T \quad j = 1, 2, 3, 4$$

$$x_{3j}^{X_3} = [0.186\,5, 0.126\,5, 0.687\,0]^T \quad j = 1, 2, 3$$

计算得出的最大特征值分别为：

$$\lambda_{max} = 3, \quad \lambda_{max1} = 6.091, \quad \lambda_{max2} = 4.004, \quad \lambda_{max3} = 3.094$$

4. 进行一致性检验

第一，计算一致性指标 C. I. 。

$$C. I. = \frac{\lambda_{max} - n}{n - 1} = \frac{3 - 3}{2} = 0 < 0.1$$

$$C. I._1 = \frac{\lambda_{max1} - n}{n - 1} = \frac{6.091 - 6}{5} = 0.0182 < 0.1$$

$$C. I._2 = \frac{\lambda_{max2} - n}{n - 1} = \frac{4.0042 - 4}{3} = 0.014 < 0.1$$

$$C. I._3 = \frac{\lambda_{max3} - n}{n - 1} = \frac{3.094 - 3}{2} = 0.047 < 0.1$$

第二，计算一致性比例 C. R. 。

根据表6-7查找各判断矩阵对应的随机一致性指标 R. I. ，根据一致性指标 C. I. 计算一致性比例 C. R. 。

表6-7 　　　　　　　　 随机一致性指标 R. I.

矩阵阶数	1	2	3	4	5	6
R. I.	0	0	0.52	0.89	1.12	1.26

资料来源：笔者根据相关数据整理而得。

$$C. R. = \frac{C. I.}{R. I.} = 0 < 0.1$$

$$C. R._1 = \frac{C. I._1}{R. I._1} = \frac{0.0182}{1.26} = 0.0144 < 0.1$$

$$C. R._2 = \frac{C. I._2}{R. I._2} = \frac{0.014}{0.89} = 0.0016 < 0.1$$

$$C. R._3 = \frac{C. I._3}{R. I._3} = \frac{0.047}{0.52} = 0.0904 < 0.1$$

因此，构建的各级判断矩阵 X、X_1、X_2 满足一致性要求，评判可以接受，根据上述数据计算各影响因素的综合权重 W 为：

$$W = (0.03, 0.08, 0.08, 0.20, 0.08, 0.03, 0.11, 0.06, 0.06,$$
$$0.02, 0.05, 0.03, 0.17)$$

将再制造企业生产项目投资评价因素的权重和分类，列于表6-8中。

表6-8 再制造企业生产项目投资评价因素的权重和分类

		因素分类	因素权重
再制造企业生产项目投资效益（X）	经济效益因素（X_1）0.50	投资费用（x_{11}）	0.03
		投资报酬率（x_{12}）	0.08
		回收期（x_{13}）	0.08
		净现值（x_{14}）	0.20
		获利指数（x_{15}）	0.08
		内含报酬率（x_{16}）	0.03
	技术支持因素（X_2）0.25	安全性（x_{21}）	0.11
		可控性（x_{22}）	0.06
		先进性（x_{23}）	0.06
		柔性（x_{24}）	0.02
	可持续发展因素（X_3）0.25	可操作性（x_{31}）	0.05
		社会协调性（x_{32}）	0.03
		环境保护及资源利用（x_{33}）	0.17

资料来源：笔者根据相关数据整理计算而得。

6.2.2.3 基于AHP模型的再制造企业生产项目投资评价

根据6.2.2小节所建立的再制造企业生产项目投资决策模型，以及基于AHP方法得到的各因素权重，可以对实际的生产项目投资方案进行评估，以判断多个投资方案的优劣。

在所构建的再制造企业生产项目投资评价模型中，x_{11}、x_{12}、x_{13}、x_{14}、x_{15}、x_{16}指标属于定量评价指标，x_{21}、x_{22}、x_{23}、x_{24}、x_{31}、x_{32}、x_{33}指标属于定性评价指标。定量评价指标可以根据再制造企业的具体财务数据来计算各指标的数值；定性评价指标需要借助诸如6.5.2小节所述德尔菲法、情景分析法等方法对各指标进行打分或赋值，这样就得到各指标的得分。根据层次分析法所得各指标相对上一级指标的权重，可以计算出X_1、X_2、X_3各项指标的得分。进一步，再根据X_1、X_2、X_3各项指标的权重，可以计算出该投资方案的最终得分，从而可选择得分最高的投资方案。

6.3　再制造企业生产项目投资风险分析

资金的时间价值是在无风险条件下进行投资所要求的最低报酬率水平，并没有考虑投资风险问题。[①] 在通常情况下，风险和报酬是对称的，表现为经营高风险的投资项目需要有较高的投资报酬进行补偿。再制造企业只要未来经营中存在不确定性因素，投资就存在投资风险，因此，必须对生产项目投资进行风险分析。

6.3.1　投资风险及风险类别

6.3.1.1　风险及特征

任一事件发展与预期目标相对比的情况，要么只发生一种肯定的结果，表现为一致；要么存在多种可能的结果，表现为偏离。偏离结果中又呈现出两种情况：一是有利的可能；二是不利的可能。由于投资者往往对不利的结果更关注，因而风险更侧重于投资无法达到期望报酬而带来不利结果发生的可能性。《韦伯斯特大词典》中对风险的描述为，风险是损失、损伤或处于危险处境的可能。美国学者库珀和查普曼（Cuper and Chapman）在《大项目风险分析模型、方法与案例》（Risk analysis for large projects model, method and cases）中定义风险为，风险是由于从事某项特定活动过程中存在的不确定性而产生的经济或财务的损失、自然破坏或损伤的可能性。[②] 一般地，风险是指，在一定条件下和一定时期内预期结果的不确定性，即预计结果发生变化的可能性。因此，风险不仅包含不利效应的不确定性，也包含有利效应的不确定性；风险既可能带来超出预期的损失，也可能带来超出预期的收益。

---

① 彭韶兵. 财务管理概论 [M]. 北京：高等教育出版社，2011.
② 转引自王学文. 工程导论 [M]. 北京：电子工业出版社，2012.

风险的特征主要表现为四个方面：（1）普遍存在性。风险普遍存在，无法消除，只能通过一定的经济、技术等手段对风险加以控制。（2）可变性。风险不仅客观存在，而且伴随着客观环境的变化而不断变化，处于不同空间、时间下的风险也不尽相同。（3）风险报酬不确定性。企业能够对风险加以有效地控制，获得超出投入的额外回报，就表现为投资风险收益；若对影响其生产经营、财务活动变化因素等的不确定性估计不足，没有对风险进行有效控制而造成的亏空，则表现为投资风险损失。（4）可预测性。通过对相同事件或类似事件发生的历史资料，结合影响现有事件变动的未来环境因素，对于结果发生概率进行合理的判断和估计，能够量化风险产生的收益和损失，为风险的控制和防范提供依据。

6.3.1.2 投资风险

企业从事投资活动时，投资结果具有不确定性，进而形成投资风险。按照投资结果的不确定性程度，投资活动可以划分为确定型投资和不确定型投资。不确定型投资可进一步再分为风险型投资和完全不确定型投资，如图 6 - 3 所示。

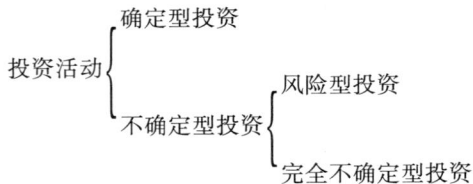

图 6 - 3 投资风险类型划分

资料来源：笔者根据投资风险分类定义绘制。

确定型投资的预期收益结果通常不会偏离投资者的预期判断，根据事先确定的投资收益即可做出投资决策。不确定型投资的预期收益结果事先无法确定，可能会偏离投资者的预期判断。在风险型投资中，所有可能的投资收益结果和每种投资收益结果发生的概率能够获知。而完全不确定型投资中可能出现的投资收益结果以及每种投资收益结果出现的概率，未知或者无法估测。

　　由于信息获取的不充分性，以及投资者对于风险预测角度、预测时效和预测能力等的现实制约，绝大多数预测与未来状况总是存在不同程度的偏差，甚至完全失准。这些偏差将可能导致巨大的投资风险，造成资源浪费、财产损失。因此，再制造企业由于从事风险项目投资所要求的超过资金时间价值额外的报酬（风险报酬），即为再制造企业项目投资的风险价值。也就是说，再制造企业通过分析，确定能够得到一定的生产项目投资风险价值，才愿意冒风险进行再制造生产项目的风险投资。

6.3.1.3　投资风险类别

　　从再制造生产企业角度考虑，项目投资主要面临两大类别的风险，市场投资风险和企业投资风险。按照风险的性质，企业投资风险又划分为经营风险和财务风险。项目投资风险类别及主要内容，如表 6 – 9 所示。

表 6 – 9　　　　　　　　　　项目投资风险类别及主要内容

项目投资风险类别		具体内容
市场投资风险		政治风险、购买力风险、金融风险、再投资风险、环境保护风险等
企业投资风险	经营风险	变现风险、生产风险、完工风险、违约风险等
	财务风险	筹资风险、信用风险等

资料来源：笔者根据投资风险类别定义整理而得。

1. 市场投资风险

　　市场投资风险是再制造企业外部影响因素的变动给企业带来的风险，它对市场上的企业都会带来风险。

　　再制造企业面临的主要市场投资风险包括：（1）政治风险。由于项目所在国家（地区）政治条件的变化，对企业投资效益、项目投资效益等情况产生影响而发生的风险。（2）购买力风险。由于通货膨胀因素的存在，使得再制造企业货币购买力下降而造成的项目资产实际价值下降的可能性。（3）金融风险。金融风险包括了汇率变动以及利率变动带来的风险。汇率、利率的变动会影响项目投资经营中的成本及利润，会影响再制造产品在国际市场上的竞争力，会影响项目投资的债务比例结构，进而给企业带来不确定性的风险。（4）再投资风险。再投资风险是由于市场利率下降，再制造企业无法通过再投资实现预期收益，或者实现预期收益的代价较大，因而给企业带来风险的可能性。（5）环境保护风险。"绿色、可持续发展观"日益深入人心，严控各种有害物质产生、排放、运输、处理等的相关法律法规越来越多、越来越细。项目生产效率可能因严格的环境保护条款而降低，并加大生产成本。

2. 企业投资风险

企业投资风险是由于企业个体经营环境因素的影响给企业带来的风险，它是个别企业的特有事件产生的经营风险以及财务风险。

再制造企业投资中的经营风险主要包括：（1）变现风险。变现风险是再制造企业的投资项目无法及时在市场上以公允价值交易变现的可能性。（2）生产风险。由于再制造生产中需要消耗资源的价格及供应、实际发生的人工生产效率及机器生产效率、突发的技术难题等都可能成为生产中的不确定因素，因而带给企业生产成本上升、利润下降等各种风险。（3）完工风险，由于再制造生产设备产能不足、生产产品质量不稳定、新技术或新工艺出现、安全等级要求提高等引起的已完工产品资产贬值的风险。（4）违约风险，由于再制造企业在经营管理中受内外各种因素的相互作用影响或相互叠加，使得企业发生的无法履行合同或履行合同成本加大而产生的风险。

再制造企业投资中的财务风险主要包括：（1）筹资风险，一方面，是指再制造企业由于资本结构中因承担债务性融资，而产生的无法按期、足额支付到期债务本金及利息的可能；另一方面，是指再制造企业由于现金流不足，无法开工以致造成损失的可能。（2）信用风险，参与再制造企业生产项目投资的上下游经营者众多，这些经营者的资信品质、技术水平、偿付能力、资本状况、经济状况、经营管理能力等，都能够成为再制造企业生产项目投资中的不确定性因素。

6.3.2　项目投资风险分析方法

前述在进行项目投资决策评价指标分析时，是在每年现金流量假设一定的情况下进行的，未考虑现金流量波动的可能性，因此，没有考虑现金流量不确定情形下的风险。但在现实中，再制造企业生产项目投资的风险充满了不确定性。如果项目投资决策时面临的不确定性非常小，对投资结果不产生重大影响，可以忽略这些不确定性因素的影响，视决策为在确定条件下的决策。但是，如果项目投资决策时面临的不确定性影响因素比较大时，即可能的风险会给项目投资结果造成重大影响，那么，无论如何都无法将其忽视，应该对项目投资中可能的风险进行确认、计量并在决策时加以充分考虑。项目投资的风险分析方法很多，通常是从定性角度与定量角度进行分析。

6.3.2.1　定性分析方法

定性分析方法是一种非数量的分析方法，应用在再制造企业生产项目投资风险分析中，是指预测主体依据其主观判断和分析能力，对影响项目风险的因素进行分析后，推断项目投资的发展趋势及结果的过程。常常用到的定性分析方法有，头脑风暴法、德尔菲法、集合意见法、情景分析法等。

1. 头脑风暴法

头脑风暴法主要由价值工程工作小组人员在正常融洽、不受任何限制的气氛中以会议形式进行讨论、座谈，打破常规、积极思考、畅所欲言、充分发表看法。头脑风暴法的目的在于，激发创新设想、产生新观念，保证群体决策的创造性，从而提高整体决策质量。

2. 德尔菲法

德尔菲法由美国兰德（RAND）公司于 1946 年始创并实行，该方法是企业内部组成一个专门的预测机构，其中，包括若干专家和企业预测组织者，按照规定的程序，背靠背地征询专家对未来市场的意见或判断，然后进行预测的方法。① 德尔菲法本质上是一种反馈匿名函询法。由于采用专家匿名发表意见的方式，通过多轮次的征询、归纳、修改，最终将汇总成专家基本一致的看法作为预测的结果，因此较为可靠。

3. 集合意见法

集合意见法是由预测人员召集企业的管理者、业务人员，根据已收集的信息资料和个人经验，对未来作出判断预测，最后由组织者把预测方案、意见集中起来，用平均数的方法并根据实际工作中的情况进行修正，最终取得预测结果的方法。② 这类方法特别适用于企业市场开发、市场容量、产品销售量以及市场占有率等方面的短期性预测。

4. 情景分析法

情景分析是对设定在不同情景下项目投资风险程度的分析。情景分析法也称为脚本法或前景描述法，是通过对不同情景下主要变量同时发生变动的净现值进行计算，将其与预定数值进行对比，从而确定项目投资风险决策评价的一种直观分析方法。在情景分析法下，情景主题的确定是一个专业性很强的工作，需要企业结合自身状况、发展目标以及专业人士的意见，提出有实际价值的情景分析主题。

综述这些定性分析方法，一般地，通常都是邀请企业相关人员及熟悉企业经济业务的专家，根据他们过去累积的经验进行分析判断，提出初步意见，通过调查、座谈会等形式，对初步意见进行多次补充、修正，形成可供预测分析的最终结论。由于定性分析法过多地依赖相关人员的经验和判断，主观因素较强，在缺乏完备、准确的历史资料，或者分析能力、判断能力不佳的情况下，预测结果的准确性往往不能得到保证。因此，为了提高分析判断的准确程度，需要尽可能寻找条件或创造条件采用定量分析的方法。

---

① 冯俊华. 企业管理概论 [M]. 北京：化学工业出版社，2006.
② 秦勇. 管理学理论、方法与实践 [M]. 北京：清华大学出版社，2013.

6.3.2.2　定量分析方法

再制造企业生产项目投资风险中的定量分析方法是采用数学思维，用量化的表达方式，对风险发生的可能性和影响程度进行分析的方法。其主要包括，点概率估计分析法、蒙特卡洛模拟法、决策树法、风险调整贴现率法、肯定当量法等。

1. 点概率估计分析法

点概率估计分析法（point probability estimation）以历史数据资料为基础，通过对调查研究掌握的信息进行筛选、整理、分析，得出概率的分布规律，凭主观经验确定"最可能"的概率估值。采用此方法进行风险判定时，需要基于大量翔实的统计资料和统计数据，同时要求相关决策人员的分析能力、辨别能力较强，否则，可能做出风险概率错误的判断。因此，该方法的工作量较大。

2. 蒙特卡洛模拟法

蒙特卡洛模拟法（Monte Carlo simulation）又称为随机抽样法，伴随着科学技术的进步和电子计算机的发明与应用，在 20 世纪 40 年代中期，逐步发展起来的以概率和统计理论为指导的一类非常重要的数值计算方法。

当需要求解的问题中变量因素的可靠性未知，或者可靠性已知但过于复杂时，要么建立可靠的预测模型较为困难，要么虽然能够建立模型，但是模型常常由于繁杂而不便应用，则可采取随机模拟近似算法，以得出问题可靠性的预测值。蒙特卡洛模拟法正是通过构造符合一定规则的随机数，利用数学的思想解决各种实际问题，它是一种有效地求出数值解的方法。随着模拟次数的增多，采样也越多，该方法下的预计精度也逐渐提升，越能近似地得到最优解。

蒙特卡洛模拟法在项目投资风险分析决策应用中的流程，如图 6 - 4 所示。

第一，掌握数据，确定主要风险因素。采用蒙特卡洛模拟法评价风险时，需要收集、审核、整理历史数据资料及当前信息，根据再制造企业生产项目投资决策评价体系中各因素的风险辨别、确认的要求，进行审核整理，对每个风险因素作出风险估计，确定主要风险因素。

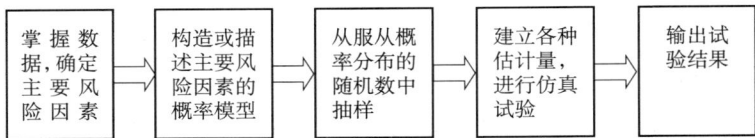

掌握数据，确定主要风险因素	→	构造或描述主要风险因素的概率模型	→	从服从概率分布的随机数中抽样	→	建立各种估计量，进行仿真试验	→	输出试验结果

图 6 – 4　蒙特卡洛模拟法在项目投资风险分析决策应用中的流程

资料来源：笔者根据蒙特卡洛模拟法定义绘制。

第二，构造或描述主要风险因素的概率模型。对于风险因素中本身就具有随机性质的问题，如筹资风险问题，主要是描述和模拟这个概率过程；对于本来不是随机性质的确定性问题，如计算定积分，则必须事先人为构造一个概率过程，即将不具有随机性质的问题转化为随机性质的问题。对主要风险因素计算概率分布，使概率分布中的数据与该模型中随机变量的概率特征相对应，并利用概率论、统计学、专家调查法等计算并确定对应的概率分布。构造或描述的主要风险因素概率模型，就是由各种各样的概率分布构成的。

第三，从服从概率分布的随机数中抽样。服从概率分布的各种风险因素随机变量，称为随机数，它具有均匀分布的特征，是实现蒙特卡洛模拟法的基本工具。获得的随机数至少能够满足实现一次模拟试验过程中所需要的数量。

第四，建立各种估计量，进行仿真试验。用统计方法把概率模型的最大值、最小值、数学期望值、标准离差等数字特征估计出来，建立各种估计量，就是对于这些仿真实验的数值结果进行考量。

第五，输出试验结果。在计算机环境下，自动生成概率分布曲线和累积概率曲线（通常是基于正态分布的概率累积 S 曲线），从而得到实际问题的数值解。

借助于科学技术的进步和计算机超强的运算能力，现代的蒙特卡洛模拟能够较好地解决在分析错综复杂的实际经济现象时产生的诸如多重积分计算、微积分方程求解、非线性方程组求解等一系列高难度、复杂的数学计算问题，将原来经济问题分析中的一些费时、费力的假设试验过程，变成了快速、简易的事情，逐渐在项目投资风险分析中得到应用。

3. 决策树法

决策树法（decision tree），即利用简单的树枝图形，生动、形象地表明了项目投资的各种方案在发生特定风险概率基础上的不同情况，能够完整地反映项目投资决策过程中的一种方法。决策树法在项目投资中的应用，如图 6 - 5 所示。

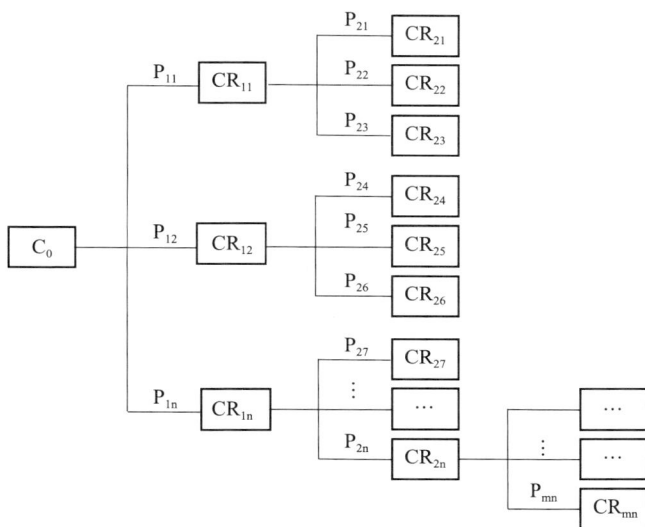

图 6 - 5　决策树

资料来源：笔者根据决策树定义绘制。

在图 6 - 5 中，C_0 为项目投资时的现金流出；

P_{mn} 为第 m 年在发生第 n 种现金流入情况时的概率；

CR_{mn} 为在 P_{mn} 发生时的现金流入额；

m = 1，2，3，…；n = 1，2，3，…。

假设项目投资的资金成本率为 R，因此，发生不同现金流入情况下的净现值：

$$NPV_{mn} = PVIF_{R,m} \times \sum CR_{mn} - C_0 \qquad (6 - 7)$$

该项目的期望净现值：

$$\overline{NPV} = P_{mn} \times \sum NPV_{mn} \qquad (6 - 8)$$

依据项目期望净现值的计算结果，进行相关的投资决策。

决策树法是项目投资风险分析中常用的计算分析方法，它利用概率论的原理，通过对各个风险因素下产生的现金流量在不同概率条件下净现值的计算进行比较，从而能直观地选择最佳的模型，为决策者提供决策依据。

4. 风险调整贴现率法

风险调整贴现率法（risk adjusted discount rate）是项目投资风险分析中常用的计算分析方法。它是根据项目的风险程度调整贴现率水平（即折现率），然后，再据此计算投资项目净现值并判断项目是否可行的一种投资决策方法。其表达式为：

$$NPV = \sum_{t=0}^{n} \frac{预期\ NCF}{(1 + R)^t} \qquad (6-9)$$

在式（6-9）中，R 为调整的风险贴现率。

在风险调整贴现率法下，对风险大的项目采用较高的贴现率，对风险小的项目采用较低的贴现率。具体操作步骤为：首先，对影响项目投资风险的主要因素进行评分；其次，根据评分汇总结果确定项目投资的风险等级；最后，根据风险等级确定项目投资的贴现率水平。假设有 A、B、C、D、E 五个项目，对项目投资风险主要因素评分，如表 6-10 所示。项目投资风险等级及调整后的贴现率，如表 6-11 所示。

表 6-10　　　　　　　　项目投资风险主要因素评分

主要相关因素			经济效益指标	技术支持指标	可持续发展指标	总评分
项目投资风险状况	A 项目	状况	较好	很好	很好	—
		评分	5	1	1	7
	B 项目	状况	很好	较好	较好	—
		评分	3	4	4	11
	C 项目	状况	较差	一般	一般	—
		评分	13	8	8	29
	D 项目	状况	一般	很差	较差	—
		评分	8	16	13	37
	E 项目	状况	很差	较差	很差	—
		评分	18	12	17	47

资料来源：笔者根据投资风险因素分析整理而得。

表 6 – 11　　　　　　　　项目投资风险等级及调整后的贴现率

总评分区间（分）	确定投资风险等级	调整后的贴现率（R%）
0 ~ 8	很低	7
8 ~ 16	较低	9
16 ~ 24	一般	12
24 ~ 32	较高	15
32 ~ 40	很高	17
40 分及以上	极高	20 及以上

资料来源：笔者根据项目投资风险等级及贴现率定义整理而得。

　　风险调整贴现率法在实际的项目投资应用中，可能面临的风险因素错综复杂，对于不同因素、不同状况下的评分标准、风险等级和贴现率的确定，通常需要企业相关职能部门人员与行业内的专家共同决策。通过表 6 – 10 和表 6 – 11 中的数据，可以得到不同项目投资调整后的贴现率，$R_A = 7\%$、$R_B = 9\%$、$R_C = 15\%$、$R_D = 17\%$、$R_E \geqslant 20\%$。

　　按照项目投资风险等级调整贴现率后，时间价值与风险价值就融为一体，对项目投资决策具体的评价就与无风险时的评价相同，直观明了、简单易于理解。

5. 肯定当量法

　　肯定当量法（surely-balanced method）是在风险调整贴现率法的基础上，采用一个肯定当量系数 η，把有风险的现金流量调整为与之相当的无风险现金流量，然后，再以无风险报酬率水平作为贴现率计算投资项目的净现值，并判断投资项目的优劣，据以进行投资决策。其表达式为：

$$NPV = \sum_{t=0}^{n} \frac{\eta_t \times 预期\ NCF}{(1 + 无风险的贴现率)^t} \qquad (6-10)$$

　　在式（6 – 10）中，η_t 表示第 t 年现金流量的肯定当量系数，它是肯定的现金流量和与之相当的、不肯定的现金流量的比值。

　　在肯定当量法下，以每年预期现金流量是否肯定，作为风险衡量大小的标志，需要根据风险预测程度选取不同的肯定当量系数。风险预测程度与肯定当量系数取值之间的对应关系，如表 6 – 12 所示。

表 6 – 12   风险预测程度与肯定当量系数取值之间的对应关系

风险预测程度	肯定当量系数取值
无	$\eta_t = 1.00$
很小	$0.80 \leqslant \eta_t < 1.00$
一般	$0.40 \leqslant \eta_t < 0.80$
很大	$0 < \eta_t < 0.40$

资料来源：笔者根据风险预测程度与肯定当量系数取值之间的对应关系分析整理而得。

但即使风险预测程度与肯定当量系数的取值之间存在一定的对应关系，肯定当量系数的选定，还会受到相关分析决策人员主观偏好与判断的影响，最终确定的系数值可能会因人而异。风险偏好型分析决策人员通常会选取较高的系数，而风险厌恶型分析决策人员则会选取较低的系数。因此，为了防止人为因素造成的决策失误，根据投资项目风险衡量的原理，可以将项目投资标准离差率 V 与肯定当量系数取值确定范围对照，如表 6 – 13 所示。

表 6 – 13   项目投资标准离差率 （V） 与肯定当量系数 （η）
取值的确定范围对照

项目投资标准离差率 （V）	肯定当量系数 （η） 取值
$0.00 \sim 0.07$	1.00
$0.08 \sim 0.15$	0.90
$0.16 \sim 0.23$	0.80
$0.24 \sim 0.32$	0.70
$0.33 \sim 0.42$	0.60
$0.43 \sim 0.54$	0.50
$0.55 \sim 0.70$	0.40
……	……

资料来源：笔者根据标准离差率定义与肯定当量系数取值绘制。

肯定当量法通过调整现金流量来评估投资项目的风险，存在一定的合理性，但由于在该方法下如何更加合理、准确地确定现金流量的肯定当量系数有一定难度。因此，该方法适用于投资项目未来现金流量的肯定当量系数能够准确地确定，或者未来现金流量稳定且现金流量值易于取得等情况。

综述这些定量分析方法，是以再制造企业在生产项目投资中所涉及的数据为来源和依据，按照某种数理方式进行加工处理，通过揭示数据间的相互作用，描述数据所反映现象的发展趋势，得出相关的投资决策评价结果。但是，由于定量分析法中某些数据的取得来自估测或设定，某些数学函数在加工处理数据时须具备一定的假设前提条件。由此做出的投资决策评价结果可能会缺乏客观性、准确性，依据该结果做出的投资判断有失误的可能。因此，为了保证再制造生产项目投资决策评价的准确性，定量分析的结果一定要与定性分析的结论相核验，尤其对于二者分析中相互矛盾的看法，需要谨慎地加以再求证、再修正，在最大程度上把握实施再制造生产项目中产生风险的不确定性因素，降低风险可能带来的损失。

6.3.3　项目投资风险测度及处理方式

风险本身就是一种不确定性，项目投资可能会带来丰厚的回报，可能收益微小，可能入不敷出，甚至可能血本无归！从风险内涵及项目投资风险类别可以看出，与风险密切相关的经济变量具有随机变量的基本特征：可能发生，也可能不发生。故风险有不易计量的特性。大量数学试验数据表明，在随机现象中出现的随机变量具有某种规律性，这种规律性是可以计量的。因此，对于独立的项目投资风险现象中的随机变量，可以借助概率模型和统计学的方法进行分析，按照预期收益的平均偏离程度对风险进行估量。

6.3.3.1　考虑风险和收益的再制造生产项目投资决策流程

在要求的投资报酬率水平下，对再制造企业生产项目投资风险进行衡量，成为企业决策者判断风险和规避风险的重要手段。一般地，考虑风险和收益的再制造企业生产项目投资决策流程主要有以下五个方面内容。

1. 确定概率分布状态

随机变量是在一定概率下发生的。概率是某一个事件发生的可能性，如果把构成该事件所有可能性的结果都列示出来，并且赋予每个结果一个概率，那么，把这些概率通过统计列示在一起，形成随机变量发生概率的集合，便构成了概率分布。当集合内概率数值足够大时，这些概率分布就服从正态分布的状态。

作为某一事件的概率分布，必须同时满足两个要求：一是该事件中的所有结果概率 P_i 都在 $0 \sim 1$ 区间，即 $0 \leqslant P_i \leqslant 1$；二是所有结果的概率之和一定为 1，即 $\sum\limits_{i=1}^{n} P_i = 1$，其中，n 为该事件中所有结果出现的数量。

2. 计算期望报酬率

期望报酬是项目投资未来可能的回报，既可以用绝对数的期望报酬值表示，也可以用相对数的期望报酬率表示。项目投资风险衡量中的期望报酬通常采用相对数的期望报酬率表示，它体现为随机变量的均值，是指各种可能的报酬率按其概率进行加权平均后得到的报酬率，反映了报酬率数值集中趋势的一种度量。其表达式为：

$$\overline{E} = \sum_{i=1}^{n} E_i P_i \qquad (6-11)$$

在式（6-11）中，$\overline{E}$ 为期望报酬率，E_i 为第 i 种可能结果的报酬率，P_i 为第 i 种可能结果的概率。

3. 计算标准离差

标准离差 σ 是各种可能的报酬率 E_i 偏离期望报酬率 $\overline{E}$ 的综合差异，反映了随机变量各种可能的结果与标准结果的离散程度。表达式为：

$$\sigma = \sqrt{\sum_{i=1}^{n} (E_i - \overline{E})^2 \times P_i} \qquad (6-12)$$

在式（6-12）中，标准离差 σ 的计算数值，描述了一个项目投资在各种可能结果的概率分布上的总风险，表明了该概率分布相对于期望报酬率 $\overline{E}$ 的集中度。标准离差较大，说明各种可能的结果值与期望值的离散范围越大，各种结果变化的可能性越大，项目投资方案中包含的风险相对也较大；反之，标准离差越小，则说明项目投资方案包含的风险也较小。

标准离差作为反映随机变量离散程度的指标，其计算结果是一个绝对数，要受到随机变量各种可能结果值大小的影响。如果面对不同的项目投资，并且各个项目投资的随机变量可能的结果之间的相对差距值和概率分布都相同，那么，分别计算出的标准离差的结果应该相同；或者虽然这些项目投资的标准离差相同，但它们的期望报酬率不同。在这些情况下，都无法直接进行项目投资风险程度的判断。

4. 计算标准离差率

标准离差率 V 是随机变量标准离差 σ 与期望报酬率 Ē 的比值。作为反映随机变量离散程度的指标，标准离差率的计算结果是一个相对数，可以弥补标准离差的局限，进行项目投资方案风险程度的衡量。其表达式为：

$$V = \frac{\sigma}{E} \tag{6-13}$$

在式（6-13）中，标准离差率越大，表明项目投资方案的风险程度越高；反之，标准离差率越小，则风险程度越低。

5. 确定置信区间和置信概率

根据统计学的原理，在概率表现为正态分布状态时，随机变量出现在"期望值 ±1 标准离差"范围的概率为 68.26%；出现在"期望值 ±2 标准离差"范围的概率为 95.44%；出现在"期望值 ±3 标准离差"范围的概率为 99.72%。在项目投资风险分析中，作为随机变量的投资报酬率出现在期望报酬率 Ē 上下的波动范围，称为置信区间，在该置信区间内的总概率称为置信概率。置信区间与置信概率的关系表达式为：

置信区间 ＝ 期望报酬率 Ē ± 随机变量 × 标准离差 σ　　（6-14）

通常对于项目投资，企业更加关注的是保证盈利前提下面临的风险最小，需要获知项目投资盈利的可能性。因此，在实务操作中，只需要确定投资报酬率在 0 以上的情况偏离期望报酬率 Ē 的范围，就可以通过查询"正态分布曲线面积表"，找出相应的置信概率。

置信区间和置信概率既能够提供项目的实际报酬率在［期望报酬

率 + 投资 × 标准离差，期望报酬率 – 投资 × 标准离差］范围内的概率值，也能够提供在某个概率下，项目实际报酬率所处的区间范围。在置信区间确定的条件下，置信概率越大，项目投资风险越小；在置信概率确定的条件下，置信区间越大，项目投资风险越大。反之则相反。

6.4 节将对综合考虑风险和收益的再制造企业生产项目投资进行实证分析。

6.3.3.2 再制造企业生产项目投资风险处理方式

树立投资风险观，在再制造企业生产项目投资中具有十分重要的意义。生产项目投资风险管理的根本目的不是为了完全消除风险，而是在控制投资风险的前提下尽可能地保持稳定并扩大生产，从而获得最大投资收益。因此，处理再制造企业生产项目投资风险的基本思想是尽量规避风险，将投资风险中的危险转化为机遇，在危机中寻找对策，提高企业投资收益。根据再制造企业面临生产项目投资风险时的识别能力、决策偏好等，需要从项目投资的事前损失预防、事中损失制止和事后损失分析三方面把握控制，可以采用的风险处理方式主要有以下三种。

1. 风险规避

风险规避是再制造企业在面对某一蕴含投资风险的活动或环境时，采取回避、停止或退出的方式，避免其成为投资风险承担人的风险处理方式。比如，叫停很可能出现高耗能、高污染的生产项目；及时将生产项目投资从政局不稳的地区撤出；拒绝与信誉不佳的企业或个人开展生产项目投资合作等。

2. 风险转移

风险转移是再制造企业将可能承担的投资风险采用协议、合同等方式、方法转嫁他人承担的风险处理方式。具体操作方法一般有三种：一是投保，鉴于投保具有风险组合和风险转移的双重性质，再制造企业可以通过支付保险费的方式，将生产项目投资的不确定性损失风险固化为一项确定性成本。真正做到"平时注入一滴水，难时拥有太平洋"。二是免责约定，在法律允许的范围内，再制造企业签订的协议、合同等契约中可以对可能造成人身伤害、财产损失的事项进行免责约定。三是担保或保证，当再制造企业为权利人时，通过要求被保证人与担保人或保证人签订协议合同，将被保证人可能因无法履行义务给权利人造成的风险转嫁给担保人或保证人的方法。

3. 风险自担

再制造企业对于无法识别的风险，或者无法规避、无法转移的风险，只能采取风险自担的风险处理方式。具体包括联防联控、多元化分散投资、提取风险准备金等方法。

无论再制造企业如何对投资风险加以管理和处置，风险总是客观存在的。一旦投资风险发生，并有可能产生投资损失，还需要采取积极的防范措施对损失进行控制。

6.4　不同情形下再制造企业生产项目投资决策实证分析

再制造生产设备科技含量、技术工艺不断提升，日益朝着专业化、复杂化、精密化、智能化等方向发展。拥有高效、低碳减排技术及产能的再制造生产设备，更是现代制造业中的亮点，也是企业之利器，是增强企业竞争力的重要手段。本节在前述分析的基础上，从综合考虑风险和收益、生产设备更新、资金受限三种情形下对再制造企业生产项目投资决策进行实证分析，可以为再制造企业相关项目投资提供决策参考。

6.4.1　考虑风险和收益的再制造企业生产项目投资决策

某再制造企业准备扩大生产规模，新增产能。可选的生产项目投资方案包括两项：A 方案是采用最优低碳再制造技术投资建造的生产项目，B 方案是在原有再制造生产能力基础上进行的技术改良或改扩建生产项目。两方案均为独立、互斥的再制造生产项目。在不考虑其他因素的前提下，企业要想从两个方案中进行抉择，需要对两个方案的投资风险和投资报酬取得的可能性进行衡量。按照 6.3.3 小节项目投资风险测度流程，对上述实例进行分析。

6.4.1.1 确定项目投资报酬率的概率分布

对于该企业来说，无论采用哪一项方案的生产项目，投入后可能面临的市场投资风险是一致的，这些市场投资风险从经济状况上表现为繁荣、一般和低落；但是，对于独立的 A 方案和 B 方案，由于受到各个项目投资风险的影响，在相同的经济状况下能够实现的投资报酬率水平不同。A 方案、B 方案在不同经济状况下的概率及报酬的概率分布计算，如表 6-14 所示。

表 6-14　　A 方案、B 方案在不同经济状况下的概率及报酬的概率分布计算

方案	经济状况	发生概率 P_i	相关报酬率 E_i（%）	$P_i \times E_i$（%）
A 方案	繁荣	0.3	60	18
	一般	0.4	25	10
	低落	0.3	-30	-9
B 方案	繁荣	0.3	35	10.5
	一般	0.4	15	6
	低落	0.3	5	1.5

资料来源：笔者根据调查数据整理计算而得。

在对表 6-14 的分析中，对于经济状况可能性的表现只有三个有限的情况，对应的也只有三个有限的报酬率结果，形成的是离散型概率分布；而在实际环境下，经济状况可能性的表现会有无数种情况出现，每一种可能性情况的出现都会有相关报酬率（是一种随机变量）与之对应，形成连续型概率分布，呈现出正态分布状态。A 方案、B 方案投资报酬率的概率分布状态，如图 6-6 所示。

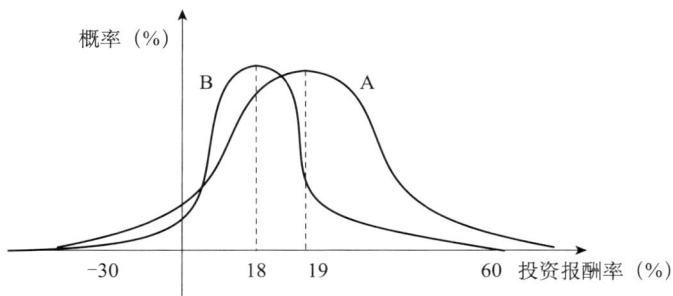

图 6 - 6　A 方案、B 方案投资报酬率的概率分布状态

资料来源：笔者根据相关数据计算绘制而得。

从表 6 - 14 中可以看到，即使 A 方案、B 方案面对经济状况相同的情况下，由于在这些经济状况下的相关报酬概率分布不同，两个方案的期望报酬率也不一定相同。

根据式（6 - 11），分别计算 A 方案、B 方案的期望报酬率，得到：

$$\overline{E}_A = 19\%$$

$$\overline{E}_B = 18\%$$

报酬率这一随机变量的期望值 $\overline{E}$，是随机变量的各种可能结果 E_i 以其相应概率 P_i 为权数加权平均后的结果，是随机变量的标准值或平均值。

6.4.1.2　测量项目投资的风险程度

表 6 - 14 中显示的 A 方案投资报酬率离散变动范围在 - 30% ~ 60% 区间，离散范围较宽；B 方案投资报酬率离散变动范围在 5% ~ 35% 区间，离散范围较窄。从图 6 - 6 的 A 方案、B 方案投资报酬率概率分布状态中也可以看到，A 方案投资报酬率的集中程度不如 B 方案。在直接观察后，还需要通过计量 A 方案、B 方案的投资风险指标，进行风险程度的判定。

根据式（6 - 12），分别计算 A 方案、B 方案的标准离差值，得到：

$$\sigma_A = 35.20\%$$

$$\sigma_B = 12.32\%$$

虽然标准离差 $\sigma_A > \sigma_B$，但由于 A 方案与 B 方案的期望报酬率不同，采用绝对数指标的标准离差进行风险判断有一定的局限性。为弥补这种局限，需要进一步采用相对数指标的标准离差率进行判定。

根据式（6-13），分别计算 A 方案、B 方案的标准离差率，得到：

$$V_A = 185.26\%$$

$$V_B = 68.44\%$$

因为 $V_A > V_B$，数值上的计量再一次验证了 A 方案的投资风险程度要大于 B 方案。

6.4.1.3　确定项目投资的置信区间及置信概率

对于投资报酬率符合正态分布的 A 方案、B 方案，还需要再进一步了解各方案盈利的可能性，也就是说，确定的盈利置信区间要在零以上。

对于 A 方案，正态曲线是以期望报酬率 19% 为对称轴的，投资报酬率在 19% 以上的区间面积为全部曲线面积的一半，即该区间的概率为 50%。另外，0~19% 区间内含有标准离差的个数 X = 期望报酬率 $\bar{E}/\sigma$ = 19%/35.20% = 0.54 个，通过查询《正态分布曲线面积表》得知，对应该区间的概率为 20.54%，因此，A 方案盈利的可能性为：$P_{A0\%盈利}$ = 20.54% + 50% = 70.54%。

同样地，对于 B 方案，正态曲线是以期望报酬率 18% 为对称轴的，投资报酬率在 18% 以上的区间面积为全部曲线面积的一半，即该区间的概率为 50%。另外，0~18% 区间内含有标准离差的个数 X = 18%/12.32% = 1.46 个，通过查询《正态分布曲线面积表》得知，对应该区间的概率为 42.79%，因此，B 方案盈利的可能性为：$P_{B0\%盈利}$ = 42.79% + 50% = 92.79%。

投资报酬率大于 0 情形下，A 方案、B 方案盈利的可能性，如图 6-7 (a)、(b) 所示。

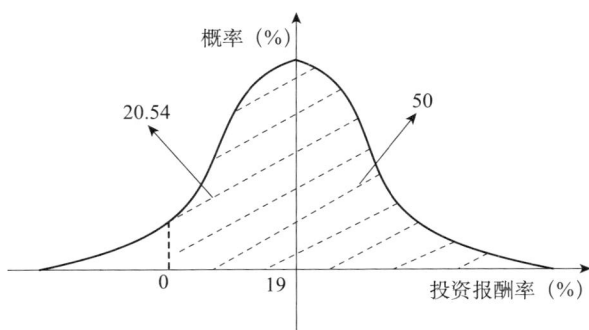

（a）投资报酬率大于 0 情形下 A 方案盈利的可能性

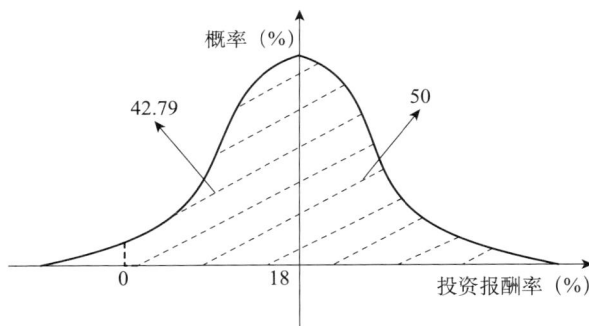

（b）投资报酬率大于 0 情形下 B 方案盈利的可能性

图 6 – 7　投资报酬率大于 0 情形下 A 方案、B 方案盈利的可能性

资料来源：笔者根据相关数据计算绘制而得。

从上面的计算可以看到，A 方案盈利的可能性小于 B 方案，即 A 方案发生亏损的可能性为 29.46%（即 100% － 70.54%），大于 B 方案发生亏损的可能性 7.21%（即 100% － 92.79%）。但是，倘若企业要求的项目投资报酬率为 30%，按照上述原理测算，得到 $P_{A30\%获利}$ ＝ 37.83%，$P_{B30\%获利}$ ＝ 16.60%。投资报酬率大于 30% 情况下，A 方案、B 方案盈利的可能性，如图 6 – 8（a）、（b）所示。

6.4.1.4　项目投资方案选择

将 A 方案、B 方案两个独立再制造生产项目投资风险衡量相关数值，列入表 6 – 15 中。

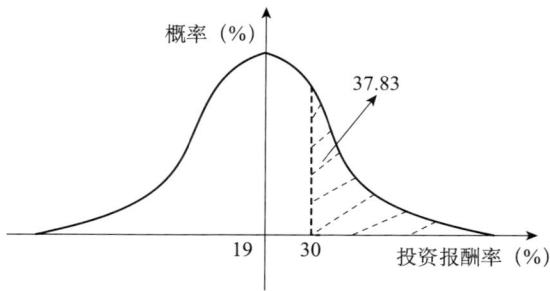

（a）投资报酬率大于30%情形下 A 方案盈利的可能性

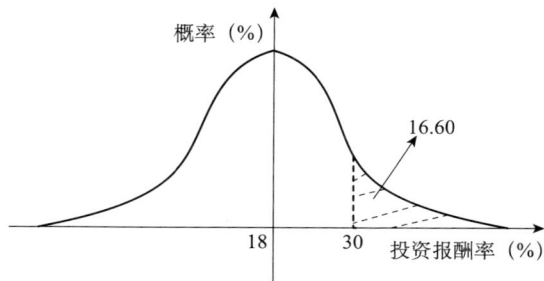

（b）投资报酬率大于30%情形下 B 方案盈利的可能性

图 6 - 8　投资报酬率大于 30% 情形下 A 方案、B 方案盈利的可能性

资料来源：笔者根据相关数据计算绘制而得。

表 6 - 15			独立再制造生产项目投资风险衡量相关数值			单位:%
项目	期望报酬率 Ē	标准离差 σ	标准离差率 V	置信区间		
				$(-\infty, 0)$ 置信概率 $P_{<0\%}$	$[0, +\infty)$ 置信概率 $P_{\geqslant 0\%}$	$[30\%, +\infty)$ 置信概率 $P_{\geqslant 30\%}$
A 方案	19	35.20	185.26	29.46	70.54	37.83
B 方案	18	12.32	68.44	7.21	92.79	16.60

资料来源：笔者根据数据整理计算而得。

从表 6 - 15 中，A 方案、B 两方案数值的对比中可以清楚地看到，A 方案的投资风险大于 B 方案的投资风险；同时，在企业要求盈利的前提下，即不能发生亏损时，A 方案盈利的可能性小于 B 方案。但是，当企业要求提高项目投资的报酬率水平，比如，投资报酬率水平不低于30%时，A 方案取得较高报酬率的可能性也明显大于 B 方案。

建立以置信区间为横轴、置信概率为纵轴的二维坐标图，见图 6 – 9，分别取点（0，70.54%）、点（30%，37.83%）作为 A 方案置信概率线 P_A，取点（0，92.79%）、点（30%，16.60%）作为 B 方案置信概率线 P_B。P_A 线与 P_B 线相交点记为 K（17.46%，51.60%）。

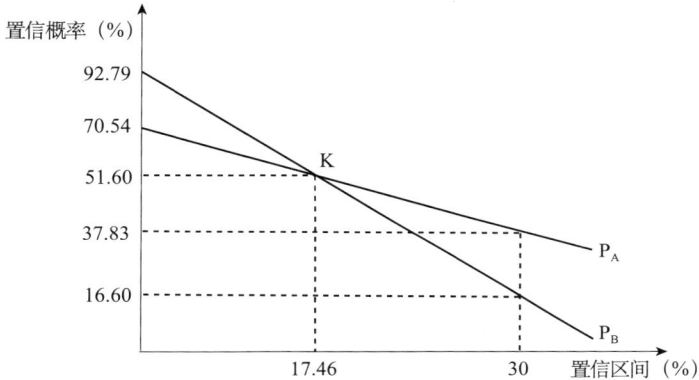

图 6 – 9　置信区间、置信概率二维坐标

资料来源：笔者根据相关数据计算绘制。

从图 6 – 9 可以明显看出：a. 随着置信区间横轴取值的增大，A 方案、B 方案对应的置信概率纵轴数值呈现不断下降的趋势。b. 由于 A 方案、B 方案的项目投资风险不同，二者置信概率线的斜率也不同，表现为 P_A 线的下降程度要缓于 P_B 线的下降程度。c. P_A 线与 P_B 线相交于点 K，表示在置信区间值 17.46% 时，A 方案和 B 方案的置信概率对应都为 51.60%。即 A 方案、B 方案在各自的项目投资风险下，能够取得投资报酬率为 17.46% 时的可能性都为 51.60%。d. 点 K 是投资报酬率发生改变引起投资报酬获得可能性发生改变的转折点。发生小于该点的投资报酬率水平时，A 方案能够取得该报酬率的可能性小于 B 方案；发生大于该点的投资报酬率水平时，则 A 方案能够取得该报酬率的可能性就会大于 B 方案。

根据上述分析，通过对 A 方案、B 方案取得投资报酬率可能性的判断、项目投资风险的测量，以及项目投资报酬率置信区间的分析，进行最终项目投资方案的选择，如表 6 – 16 所示。

表 6 – 16   项目投资方案选择

置信区间	项目投资风险	取得投资报酬率的可能性	方案选择
$[0,\ 17.46\%)$	A > B	A < B	B
17.46%	A > B	A = B	B
$[17.46\%,\ +\infty)$	A > B	A > B	A

资料来源：笔者根据相关数据整理计算而得。

由于 $\bar{E}_A = 19\%$，$\bar{E}_B = 18\%$，均大于转折点 K 对应的置信区间值（17.46%），因此，在不考虑其他因素的前提下，结合项目投资风险和项目投资报酬取得的可能性，企业应当选择 A 方案。这也体现了从事高风险项目投资，要求高回报水平的风险投资原则。

6.4.2　考虑不同因素的再制造企业生产设备更新决策

再制造企业的生产设备是企业一项重要的固定资产，通常在企业全部资产中所占比例较大，并且是再制造企业碳排放总量控制的重要工具。如果再制造生产设备使用、管理不当，必将影响企业的经营状况、经济效益和碳排放总量，给企业带来包括信誉不良等各种负面影响。比如，机械化、自动化较高的再制造企业，一旦设备发生故障而停工，轻则打乱企业的生产计划，影响交货期；重则产生废次品，甚至造成人身或财产的安全隐患及事故。又比如，生产设备已严重腐蚀、磨损，继续使用中发生的检查、清洁、修理等人工费用及材料费用开支较大。再比如，大量使用能耗较大的生产设备，废水、废气、废渣等的排放量增加，对环境造成严重污染；由于生产设备效率低，有漏气、漏水、漏油等现象，造成资源和能源的浪费等事项。对再制造企业来说，一方面，会产生大量碳排放，使企业碳排放成本提高，增加运营成本；另一方面，也可能会面临相关的经济处罚或行政处罚。

再制造企业在原有旧生产设备仍然能够继续使用的情况下，受碳减排机制的约束，也可能会考虑投资新的低碳资产以更新生产设备。这就涉及再制造生产设备这一固定资产的更新决策。

再制造生产设备更新决策，是决策企业继续使用旧设备还是更换新设备。使用旧设备很可能导致碳排放量增大、生产成本上升、竞争力下降、市场份额萎缩、不符合低碳环保标准要求等。很显然，这在激烈的市场竞争中是很危险的信号；而更换新设备则意味着，企业需要进行新的长期项目投资支出。因此，本节对于再制造企业生产设备更新决策从不同的策略着手分析：一是从再制造生产设备的经济使用年限进行判断，考虑碳排放成本的再制造企业生产设备何时更新的决策；二是从新旧设备影响企业现金流量的角度进行相关经济指标测算，考虑生产设备是否更新的决策。

6.4.2.1　考虑碳排放成本的再制造企业生产设备更新决策

1. 问题描述与假设

再制造企业生产设备在持有期间正常工作时，发生的总成本主要包括运行成本和持有成本。显而易见，生产设备在使用初期，运行的相关成本费用较低，随着生产的使用，设备不断发生磨损、陈旧，导致性能变差，除了维护、修理、能耗等逐渐增加外，生产设备的碳排放量也逐渐增大。超出再制造企业碳限额外的碳排放，需要企业额外进行碳交易以购买碳排放权。额外花费的碳支出，又增加了再制造企业的运行成本；同时，固定资产价值逐渐降低，持有成本逐年变小。运行成本和持有成本在生产设备使用年限内，随时间推移呈现相反方向的变化。由于两方面成本的共同作用，生产设备的总成本在使用年限内表现出先下降、后上升的发展趋势，如图 6-10 所示，这样对应总成本线的"谷底"就必然存在一个最经济的使用年限。

假设：C_0 为原始投资额；

n 为使用年限，$n = 1, 2, 3, \cdots$；

Cz_n 为 n 年后生产设备发生磨损、陈旧等折旧后残余的价值；

n 为生产设备的运行年限，$t = 1, 2, 3, \cdots, n$；

Cy_t 为第 t 年的运行成本；

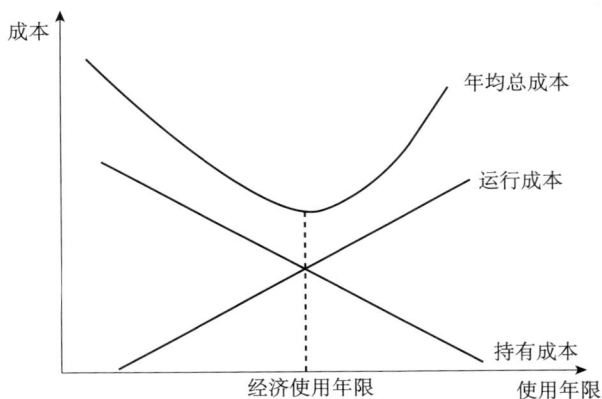

图 6 - 10 再制造生产设备成本变化

资料来源：笔者根据再制造生产设备成本变化状况绘制。

k 为设备投资要求的最低报酬率；

AVC 为年平均成本；

残余价值及运行成本均在年末进行测算。

由于再制造生产设备使用年限通常都会超过一年，因此，对于发生在不同年份时间点上的残余价值、运行成本必须考虑时间价值的影响，将结果进行年金平均化处理。生产设备的年平均成本表达式为：

$$AVC = [C_0 - Cz_n(1 + k)^{-n} + \sum_{t=1}^{n} Cy_t(1 + k)^{-t}] \div PVIFA_{k,n} \quad (6 - 15)$$

在再制造企业生产实际经营中，除了设备的有形损耗外，由于技术革新等因素带来的设备无形折损也不可忽视。此外，再制造生产设备换代更迭速度加快，为了有能力及时购置新生产设备，加速回收旧生产设备投入的资本，需要对旧设备进行加速折旧。通过对再制造残余价值、运行成本等的估测，试算出生产设备最经济的更换年份。

2. 实证分析

若某再制造生产设备原始投资为 1 500 万元、预计可使用 8 年，残值为 100 万元，采用年数总和法计提每年的折旧额，企业要求的最低报酬率为 10%。有关数据及年平均成本的测算，如表 6 - 17 所示。

表 6-17		再制造生产设备相关数据及测算					单位：万元	
可使用年限 t	1	2	3	4	5	6	7	8
原值	1 500	1 500	1 500	1 500	1 500	1 500	1 500	1 500
年折旧额	311	272	233	194	156	117	78	39
累计折旧额①	311	583	817	1 011	1 167	1 283	1 361	1 400
折余价值 ②＝原值－①	1 189	917	683	489	333	217	139	100
复利现值系数 ③（P/F，10%，n）	0.909	0.826	0.751	0.683	0.621	0.565	0.513	0.467
折余价值现值 ④＝②×③	1 081	757	513	334	207	122	71	47
运行成本⑤	200	210	230	270	320	380	480	600
运行成本现值 ⑥＝④×③	182	173	173	184	199	215	246	280
设备更新时运行 成本现值累计⑦	182	355	528	713	911	1 126	1 372	1 652
总成本现值 ⑧＝原值－④＋⑥	601	1 098	1 515	1 879	2 204	2 504	2 801	3 106
年金现值系数 ⑨（P/A，10%，t）	0.909	1.736	2.487	3.17	3.791	4.355	4.868	5.335
年平均成本 ⑩＝⑧÷⑨	661.4	632.6	609.1	592.6	581.4	574.9	575.4	582.1

资料来源：笔者根据调查数据整理计算而得。

通过表6-17测算可知，该再制造生产设备在使用6年时的年平均成本为574.9万元，比其他年份更新的年平均成本都要低，因此，该设备在使用6年后进行更新最为适宜，6年即为该设备的经济使用寿命。

6.4.2.2　考虑差量现金流量的再制造企业生产设备更新决策

1. 问题描述与假设

在现实中，一方面，再制造产业快速发展，再制造生产设备更新换代周期缩短；另一方面，国家不断加大政策扶持力度及超额排放惩罚力度，促进低碳减排的生产方式，市场越来越青睐于节能环保的低碳产品。再制造企业会面临生产设备未到更新的经济使用期限，就不得不进行更新的决策问题。因此，考虑是否进行再制造生产设备更新决策时，需要采用决策相关经济指标进行估算。净现值法资金限量投资决策流程，如图 6 – 11 所示。

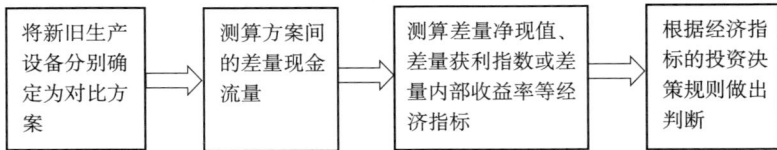

图 6 – 11　净现值法资金限量投资决策流程

资料来源：笔者根据定义绘制。

假设 6 – 1：新旧生产设备尚可使用的年限相同。通过测算新旧生产设备的差量现金流量，确定差量净现值、差量获利指数和差量内部收益率等投资决策指标，根据指标决策规则进行投资决策。

假设 6 – 2：新旧生产设备尚可使用的年限不相同，则不能直接使用净现值、获利指数或内部收益率进行比较判断。为消除使用年限不同的影响，可将年限进行年金的平均化处理。年均化其表达式为：

$$ANPV = \frac{NPV}{PVIFA_{k,n}} \qquad (6-16)$$

在式（6 – 16）中，ANPV 为设备投资的年均净现值，$PVIFA_{k,n}$ 为资金成本率为 k、设备可使用寿命期限为 n 的年金现值系数。

2. 实证分析

某再制造生产企业有一套仍然能够继续使用的旧生产设备，正考虑选用市场上一种新设备进行替换。新设备既有新的工艺技术，也符合清洁低碳的环保标准。采用新的生产设备，能够减少生产环节的碳排放、降低生产成本、增加竞争力。对这两种设备均采用平均年限法进行折旧计提。若该再制造企业适用 25% 的所得税税率，企业的资金成本率为 10%。

根据假设 6 – 1，新旧生产设备的尚可使用年限相同。其他资料，如表 6 – 18 所示。

表 6 - 18　　　　　　　　　　新旧设备数据对比

项目	旧设备	新设备
购置原值（元）	80 000	100 000
净残值（元）	4 000	10 000
预计使用年限（年）	10	5
已使用年限（年）	5	0
尚可使用年限（年）	5	5
每年付现成本（元）	60 000	50 000
每年营业收入（元）	90 000	110 000
目前变价收入（元）	30 000	—

资料来源：笔者根据相关数据整理计算绘制。

继续使用旧生产设备与更新生产设备的差量现金流量如下：

①旧设备已提折旧额 $= (80\ 000 - 4\ 000) = 38\ 000$（元）

旧设备处置税负节余 $= (38\ 000 - 30\ 000) \times 25\% = 2\ 000$（元）

差量 $NCF_{初始} = -100\ 000 + 30\ 000 + 2\ 000 = -68\ 000$（元）

②差量营业收入 $= 110\ 000 - 90\ 000 = 20\ 000$（元）

差量付现成本 $= 50\ 000 - 60\ 000 = -10\ 000$（元）

差量折旧额 $= [(100\ 000 - 10\ 000)/5] - [(80\ 000 - 4\ 000)/10]$
　　　　　$= 10\ 400$（元）

差量 $NCF_{营业} = 20\ 000 \times (1 - 25\%) - (-10\ 000) \times (1 - 25\%)$
　　　　　　$+ 10\ 400 \times 25\% = 25\ 100$（元）

③差量 $NCF_{终结} = 10\ 000 - 4\ 000 = 6\ 000$（元）

因此，差量 $NPV = $ 差量 $NCF_{初始} + $ 差量 $NCF_{营业} \times PVIFA_{10\%,5}$
　　　　　　$+ $ 差量 $NCF_{终结} \times PVIF_{10\%,5}$
　　　　　$= -68\ 000 + 25\ 100 \times 3.791 + 6\ 000 \times 0.621$
　　　　　$= 30\ 880.10$（元）

分别利用式（6 - 5）、式（6 - 6）计算差量获利指数和差量内部收益率：

$$差量\ PI = 1.45$$

$$差量\ IRR = 26.06\%$$

由于更新设备与继续使用旧设备相比，可多获得 30 880.10 元的净现值，且获利指数达到 1.45、内含报酬率水平达到 26.06%，因此，应当进行生产设备的更新。

根据假设 6 – 2，新旧生产设备的尚可使用年限不同。若上述案例中的新设备可使用年限为 8 年，其他情况不变，通过测算得到：

$$NPV_{旧} = 56\ 984.40\ （元）$$

$$NPV_{新} = 159\ 749.69\ （元）$$

利用式（6 – 10），得到：

$$ANPV_{旧} = \frac{NPV_{旧}}{PVIFA_{10\%,5}} = \frac{56\ 984.40}{3.791} = 15\ 031.50\ （元）$$

$$ANPV_{新} = \frac{NPV_{旧}}{PVIFA_{10\%,8}} = \frac{159\ 749.69}{5.335} = 29\ 943.71\ （元）$$

通过测量新设备的每年现金流量，能够与旧设备平均每年创造现金流量的能力进行比较，进而做出决策。从上述估测可以看到，新设备与旧设备可使用年限相当时的差量净现值大于零；当新设备可使用年限大于旧设备时，不仅它的寿命期更长，且年均化后，$ANPV_{新} > ANPV_{旧}$，因此，应该选择新设备进行更新。

6.4.3 资金受限情形下再制造生产项目投资决策

再制造企业通过融资筹集到能够投入生产项目的资金通常是有限的，不一定能够满足所有有利项目投资的需要。也就是说，尽管现实存在若干个有利可图的投资项目，但由于投资资金总额已定，只能在已有资金限制下进行项目投资决策。在资金受限的情况下，再制造企业面临的不再是独立项目投资或互斥项目投资的取舍问题。因此，当再制造生产项目投资存在资金有限约束的情形时，项目投资决策的原则是需要将有限的资金进行分配，对各个独立可行的备选项目投资方案进行筛选、组合，将有限的资金投放于能够使净现值之和最大的项目投资方案组合上，使企业获得最大利益。

6.4.3.1 资金受限情形下再制造生产项目投资决策流程

资金受限情形下投资决策可采用的方法主要有：净现值法资金限量投资决策、获利指数法资金限量投资决策和内含报酬率法资金限量投资决策。三种方法都是以各个项目已获投资资金为最高限额，分别以组合的净现值总额、组合的加权平均获利指数、组合的内含报酬率最大作为判断标准的最优化决策方法。这里主要以净现值法资金限量投资决策进行案例分析。

在净现值法下，资金限量投资决策的解决思路是，净现值法资金限量投资决策流程，如图6-12所示。

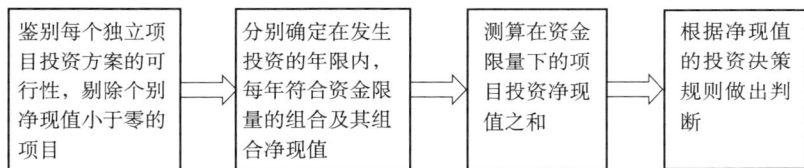

图6-12 净现值法资金限量投资决策流程

资料来源：笔者根据定义绘制。

6.4.3.2 实证分析

某再制造企业计划在未来三年内分期进行生产项目投资，现面临六个独立生产项目投资方案，它们分别的初始投资额及估算净现值，如表6-19所示。若企业当年的投资资金限额为1 500万元，第2年投资资金限额为1 000万元，第3年投资资金限额为500万元，企业设定的基准贴现率为10%。

表6-19　　　　　　　　生产项目方案初始投资额与估算净现值

项目	A方案	B方案	C方案	D方案	E方案	F方案
初始投资额（万元）	1 000	600	500	300	400	200
估算净现值（万元）	64	36	24	22	20	-10

资料来源：根据数据整理计算而得。

对于该案例，需要考虑如何进行项目组合投资决策，能够使企业有限的资金产生最大利益。根据净现值法资金限量投资决策流程，具体分析过程为：

第一步：通过表 6 - 19 所示的情形，六个独立项目投资方案在各自的初始投资条件下，A 方案、B 方案、C 方案、D 方案和 E 方案能够取得的净现值均大于零，表明这五个方案都具有投资的可行性，予以保留；F 方案的净现值小于零，表明该方案不具有投资的可行性，予以剔除。

第二步：分别确定发生投资的三年期间，每年符合资金限量的组合及其组合净现值额。

第一年，将五个方案进行组合，以组合总投资额不超出投资资金限额 1 500 万元为前提，获得每个组合的净现值，如表 6 - 20 所示。

表 6 - 20　　　　　　　　第 1 年生产项目投资组合及净现值

投资组合	AC	AD	AE	BCD	BCE	BDE	CDE
总投资额（万元）	1 500	1 300	1 400	1 400	1 500	1 300	1 200
净现值（万元）	88	86	84	82	80	78	66

资料来源：笔者根据数据整理计算绘制。

从表 6 - 20 可以看到，组合 AC 的净现值为 88 万元，在所有组合中数值最大。因此，第一年选择 A 方案、C 方案进行项目投资。

第二年，将剩余三个方案进行再组合，以重新组合后总投资额不超出投资资金限额 1 000 万元为前提，获得再组合后的净现值，如表 6 - 21 所示。

表 6 - 21　　　　　　　　第 2 年生产项目投资组合及净现值

投资组合	BD	BE	DE
总投资额（万元）	900	1 000	700
净现值（万元）	58	56	42

资料来源：笔者根据数据整理计算绘制。

从表 6 - 21 可知，组合 BD 的净现值为 58 万元，在所有组合中数值最大。因此，第二年选择 B 方案、D 方案进行项目投资。

第三年，剩余的 E 方案所需投资额未超出投资资金限额 500 万元，可以进行投资，净现值为 20 万元。

第三步：测算在资金限量下的项目投资净现值之和。考虑资金的时间价值，分期进行的生产项目投资能够取得的净现值 $NPV_{限量}$ 计算如下：

$$NPV_{限量} = 88 + 58 \times PVIF_{10\%,1} + 20 \times PVIF_{10\%,2} = 157.24 （万元）$$

第四步：根据净现值的决策规则，$NPV_{限量}$ 不小于零，因此，按照上述安排的项目投资方案组合可行。

资金限量问题在再制造企业项目投资决策分析中非常普遍，在面对良好的投资前景时，再制造企业只有将有限的资金运用到能够产生最大利益的项目或项目组合上，才能创造更多财富。

6.5　本章小结

再制造生产项目投资是再制造企业将筹资所获取的资金投入生产经营性资产上，以形成再制造生产能力，开展再制造生产经营活动。再制造企业生产项目投资决策对其经营发展有重大影响，研究碳减排背景下再制造企业生产项目的投资决策问题具有实际意义。

本章一是阐述了再制造企业生产项目投资构成和投资意义，分析了再制造企业生产项目投资不同阶段的内容和投资管理的基本原则；二是参考《中国再制造产业标准体系及评价标准》，从经济效益、技术支持和可持续发展三个方面遴选出再制造企业生产项目投资决策的 13 项影响因素，并对这些影响因素进行了分析。在此基础上，构建了再制造企业生产项目投资评价模型，依据专家给出的判断矩阵计算各影响因素的权重，建立了基于 AHP 模型的再制造企业生产项目投资评价体系。

鉴于投资风险对生产项目投资的重要影响，本章还对再制造企业生产项目投资风险进行了研究，分析了投资风险的特征和类别，阐述了项目投资风险的定性分析方法、定量分析方法，归纳出生产项目投资风险测度步骤和处理方式。在前述分析的基础上，分别对考虑风险和收益的再制造生产项目投资决策、考虑不同因素的再制造企业生产设备更新决策、资金受限情形下再制造生产项目投资决策进行了实证分析，得到不同情形下再制造企业生产项目投资决策的一些结论，可为再制造企业相关项目投资提供决策参考。

第7章 考虑多目标的再制造
企业生产决策研究

在社会经济、工程技术、管理科学等诸多领域中的决策问题大多属于多目标决策问题，需要根据多个目标准则来确定一个方案的优劣。由于目标之间的不可公度性和矛盾性，要求多个目标同时达到最优，往往是无法实现的，只能求得非劣解或者最佳均衡解。再制造企业生产决策中也经常会面临多目标决策。例如，管理层追求最大销售利润的同时希望碳排放量最小，或者产量达到最大，同时碳排放成本最低。本章针对再制造企业生产中的多目标决策问题，基于开发的智能优化算法，结合群决策理论，提出求解有多个目标的再制造生产决策的优化框架，通过具体实例验证所设计方法的有效性，可为再制造企业生产决策提供参考。

7.1 群智能优化算法

在自然科学和社会科学的众多应用领域中存在大量的复杂优化问题，面对这些问题，传统优化方法，如梯度法、变尺度法、模式搜索法和隐枚举法等方法或需要目标函数的导向，或需要遍历整个搜索空间，无法在多项式时间内完成搜索。对于这些具有非线性、不可导、不连续、建模困难等特点的复杂优化问题，探索高效率的优化算法成为解决此类问题的关键环节。

群智能优化算法是模拟自然界生物群体的社会行为而构造的一类概率搜索算法，算法中仅涉及各种基本的数学操作，计算相对简单，方法易于实现，其数据处理过程对 CPU 和内存的要求也不高，而且，这种方法只需要目标函数的输出值，无需其梯度信息。更为重要的是，群智能潜在的并行性特点、分布式特点为处理大量以数据库形式存在的数据提供了技术保证。群智能优化算法的出现极大地丰富了最优化技术，也为那些用传统优化技术难以处理的组合优化问题提供了切实可行的解决方案。

7.1.1 蝙蝠优化算法

7.1.1.1 蝙蝠算法仿生原理

研究发现，蝙蝠具有令人惊异的回声定位能力，在搜索猎物时，蝙蝠通过喉部发出音强高达110分贝的超声波脉冲，在飞向猎物时音强逐渐减小而脉冲频度逐渐增加。蝙蝠通过探测发出的超声波回波的时间延迟，利用回波到达双耳的时间差、回波音强的变化建立起周围环境的三维场景，不仅可以探测猎物的距离，还能识别其体型特征、方位和角度。[①]

蝙蝠算法（bat algorithm，BA）是模拟蝙蝠利用超声波来搜寻、定位、捕食猎物等一系列行为构造出的随机搜索算法。其仿生原理是，将蝙蝠个体看作搜索空间中的点，将优化过程模拟成蝙蝠搜寻猎物的过程和移动的过程，将蝙蝠所处位置的优劣与问题的目标函数适应度相关联，将位置更新过程看作是搜索猎物过程中用好的可行解取代较差的可行解的过程。

7.1.1.2 蝙蝠算法的数学模型

蝙蝠算法的优化过程通过式（7-1）~式（7-5）来实现，算法包含搜索脉冲频率、搜索脉冲音强和搜索脉冲发射频度三个主要参数，定义如下。[②]

蝙蝠搜寻猎物时使用的脉冲频率，用式（7-1）来模拟。

---

① J. A. Simmons，M. B. Fenton and M. J. O'Farrell. Echolocation and pursuit of prey by bats [J]. Science，1979，203（4375）：16-21.

② 刘长平，叶春明. 具有混沌搜索策略的蝙蝠优化算法及性能仿真 [J]. 系统仿真学报，2013，25（6）：1183-1188，1195.

$$f_i = f_{min} + (f_{max} - f_{min}) \times rand \qquad (7-1)$$

在式（7-1）中，f_i 为第 i 只蝙蝠搜寻猎物时使用的脉冲频率，$[f_{min}, f_{max}]$ 是脉冲频率范围，rand 是 $[0, 1]$ 均匀分布的随机数。

蝙蝠搜寻猎物过程中发射的脉冲频度和脉冲音强，用式（7-2）和式（7-3）来模拟：

$$r_i^{t+1} = r_i^0 [1 - e^{-\gamma \cdot t}] \qquad (7-2)$$

$$A_i^{t+1} = \alpha A_i^t \qquad (7-3)$$

在式（7-2）中，r_i^{t+1} 表示在 t+1 次搜索时蝙蝠发出的脉冲频度，r_i^0 表示最大脉冲频度，γ 是脉冲频度增加系数（$\gamma > 0$）。在式（7-3）中，A_i^t 表示第 t 次搜索时的脉冲音强；α 是脉冲音强衰减系数（$\alpha \in [0, 1]$）。蝙蝠开始搜寻猎物时发射脉冲的频度较低而音强较大，在搜索过程中会逐渐增大脉冲发射频度而减小脉冲音强，式（7-2）和式（7-3）模拟了蝙蝠捕食时的搜索特性。

蝙蝠的飞行速度根据式（7-4）来计算：

$$v_i^t = v_i^{t-1} + (x_i^t - x^*) \times f_i \qquad (7-4)$$

在式（7-4）中，v_i^t、v_i^{t-1} 分别表示第 i 只蝙蝠在 t 时刻和 t-1 时刻的飞行速度；x_i^t 表示第 i 只蝙蝠 t 时刻的空间位置，x^* 表示在当前搜索过程中蝙蝠群体中的最佳位置。

蝙蝠的空间位置按照式（7-5）进行更新：

$$x_i^t = x_i^{t-1} + v_i^t \qquad (7-5)$$

蝙蝠优化算法在函数优化、生产调度、车辆路径问题、水资源配置、房价预测等多个领域得到了应用，针对基本蝙蝠优化算法的不足，不少学者设计了很多改进环节来提升蝙蝠优化算法的性能。

7.1.2　磷虾群优化算法

7.1.2.1　磷虾群优化算法仿生原理

磷虾群优化算法（krill herd algorithm，KH）是通过模拟磷虾群体觅食过程以及躲避捕食者等行为演变而来的一种群体智能优化算法。[①] 为了更好地在海洋环境中生存，磷虾以群体形式进行活动，通过不断聚集并保持群体密度来降低被捕食概率，同时探索生活区域，逐渐缩短与食物的距离获取食物。在这个过程中，每只磷虾个体都会受周围其他个体和所估计食物位置的影响，通过与邻域内个体和所估计食物位置获取全局信息和局部信息来调整自身位置，并逐渐接近食物。

7.1.2.2 磷虾群优化算法的数学模型

磷虾群优化算法是基于对磷虾群生存环境及生活习性的模拟，式（7-6）~式（7-10）从数学模型角度对磷虾群生活习性进行了刻画，构成磷虾群算法的主体。

磷虾群优化算法先在解空间内随机初始化种群来确定磷虾个体的初始位置，位置与求解问题的目标函数相关联，其优劣由磷虾个体适应度来表示。个体位置更新通过式（7-6）来完成：

$$x_i^{t+1} = x_i^t + \Delta t \times \frac{dx_i}{dt} \qquad (7-6)$$

在式（7-6）中，x_i^{t+1}、x_i^t 分别表示磷虾个体 i 在 $t+1$ 时刻和 t 时刻的位置，Δt 是 t 时刻速度向量缩放因子，与搜索空间相关，根据式（7-7）计算。$\frac{dx_i}{dt}$ 表示磷虾个体的移动速度，借助拉格朗日模型描述，如式（7-8）所示。

$$\Delta t = C_t \times \sum_{j=1}^{NV} (UB_j - LB_j) \qquad (7-7)$$

$$\frac{dx_i}{dt} = N_i + F_i + D_i \qquad (7-8)$$

在式（7-7）中，C_t 是介于 $[0, 2]$ 的时间常数。UB_j 表示变量第 j 维搜索空间的上界，LB_j 表示变量第 j 维搜索空间的下界，NV 表示变量

---

① Gandomi A. H., Alavi A. H. Krill Herd: A new bio-inspired optimization algorithm [J]. Communications in Nonlinear Science and Numerical Simulation, 2012, 17 (12): 4831 - 4845.

维数。式（7 – 8）是个体位置更新的核心部分，由三部分组成，分别是诱导运动向量 N_i、觅食运动向量 F_i 和随机扩散向量 D_i，从而模拟出磷虾群的生活习性。其中，N_i、F_i、D_i 分别由式（7 – 9）、式（7 – 10）、式（7 – 11）计算。

$$N_i^{t+1} = N_{max}(\partial_i^{local} + \partial_i^{gbest}) + \omega_n N_i^t \qquad (7-9)$$

$$F_i^{t+1} = V_f(\beta_i^{food} + \beta_i^{pbest}) + \omega_f F_i^t \qquad (7-10)$$

$$D_i^{t+1} = D_{max}(1 - t/t_{max})\delta \qquad (7-11)$$

在式（7 – 9）中，N_i^{t+1}、N_i^t 分别表示第 $t+1$ 次、第 t 次搜索时的诱导运动向量；∂_i^{local} 是受邻域内其他磷虾个体影响计算得出的运动向量，∂_i^{gbest} 是受当前最佳磷虾个体影响计算得出的运动向量；N_{max} 是最大诱导速度因子，一般取值为 0.01；ω_n 是诱导运动惯性权重，取 [0, 1] 的常数，也可设置为随搜索次数线性递减。

式（7 – 10）用来计算虚拟食物对磷虾个体运动的影响，之所以称为虚拟食物，是因为该食物位置是根据当前磷虾群体的适应度值估算出来的，随着搜索次数而变动。式中 F_i^{t+1}、F_i^t 表示第 $t+1$ 次、第 t 次搜索时的觅食运动向量；β_i^{food} 是根据当前估计的食物位置计算得出的吸引度值，β_i^{pbest} 是根据磷虾个体历史最佳觅食位置计算得出的吸引度值；V_f 是觅食速度因子，一般取值为 0.02；ω_f 是觅食运动惯性权重，取值为 [0, 1] 的常数，也可设置为随搜索次数线性递减。

式（7 – 11）用来描述磷虾个体的随机运动，式中 D_i^{t+1} 表示第 $t+1$ 次搜索时磷虾个体 i 的随机扩散向量；D_{max} 是磷虾个体最大扩散速度因子，通常取值为 [0.002, 0.01] 的常数；δ 是随机扩散方向向量，取 [-1, 1] 的随机数；t_{max} 是最大搜索次数。

可以看出，磷虾群算法在优化过程中，通过 ∂_i^{gbest} 因子、β_i^{pbest} 因子实现与群体最优信息和个体历史最优信息的交流，通过 ∂_i^{local} 因子实现局域信息交流，通过 β_i^{food} 因子实现群体信息的交流，从而指导个体有目的地向食物移动，进而达到优化目的。为了进一步提高算法的性能，还可以在基本算法结构上增加个体交叉环节和变异环节。

7.1.3 樽海鞘群优化算法

7.1.3.1 算法仿生原理

樽海鞘是半透明的类似水母的海洋生物，通常由多个个体联结成长链聚集在一起，通过从前面吸进海水，从后面排出的方式运动和觅食。樽海鞘群算法（salp swarm algorithm，SSA）是一种通过模拟自然界中的樽海鞘群体觅食过程等行为发展而来的群智能优化算法。[①]

研究发现，樽海鞘个体通常会首尾相接成链状结构，樽海鞘链有助于樽海鞘实现快速游弋和觅食。在这种链状结构中，顶端的樽海鞘扮演着领导者的角色，链中其他个体作为追随者只跟随前面的个体移动，从而完成群体迁移和觅食。

7.1.3.2 算法的数学模型

樽海鞘群算法优化的过程是，樽海鞘群以链状结构随机散布在搜索空间，每条樽海鞘链由若干樽海鞘个体首尾连接而成，樽海鞘链的第一只樽海鞘起着"领导者"的作用，带领链中与它链接的樽海鞘个体移动，其他樽海鞘个体也只接受与它相链接的前一个个体的信息来移动，从而形成整条樽海鞘链的运动，以此来完成樽海鞘群体的移动和觅食。

樽海鞘群算法仅通过"领导者"和"追随者"的位置更新来完成寻优过程，其中，"领导者"的位置更新公式为：

$$x_{1,d}^{t+1} = \begin{cases} Food_d^t + c_1(lb_d + c_2(ub_d - lb_d)) & c_3 \geqslant 0.5 \\ Food_d^t - c_1(lb_d + c_2(ub_d - lb_d)) & c_3 < 0.5 \end{cases} \quad (7-12)$$

在式（7-12）中，$x_{1,d}$ 表示作为"领导者"的樽海鞘在搜索空间第 d 维的位置，Food 表示食物所在空间位置，通常和寻优目标相关联，每轮搜索后把适应度最优的樽海鞘的位置当作食物的位置；t 表示算法第 t

---

① Mirjalili S., Gandomi A. H. Salp Swarm algorithm: a bio-inspired optimizer for engineering design problems [J]. Advances in Engineering Software, 2017, 114: 163-191.

次的搜索过程；ub 表示搜索空间的上限，lb 表示搜索空间的下限，d 表示搜索空间 D 的第 d 维，$d \in D$。c_1、c_2、c_3 是位置更新的控制参数，其中，c_2 和 c_3 是 $[0, 1]$ 均匀分布的随机数，c_3 决定了樽海鞘"领导者"的移动方向，c_2 决定了其在搜索空间中分布的位置。c_1 在樽海鞘"领导者"的位置更新中起着重要作用，采用 $c_1 = 2e^{-(4t/T_{max})^2}$ 计算，t 表示算法当前搜索次数，T_{max} 表示算法最大搜索次数，与粒子群算法中的惯性因子类似，c_1 对樽海鞘群算法的全局探索能力和局部开发能力起着平衡作用。

"追随者"的位置更新公式为：

$$x_{i,d}^{t+1} = \frac{1}{2}(x_{i,d}^t + x_{i-1,d}^t) \quad i = 2, 3, \cdots n \qquad (7-13)$$

在式（7-13）中，i 表示 n 个樽海鞘群体中的第 i 个个体，其余参数含义同上。

相对蝙蝠优化算法和磷虾群优化算法，樽海鞘群算法参数少，计算简单，易于实现，已在函数优化、参数辨识、信号定位、光伏系统控制、液晶面板阵列制程调度等方面得到了应用。

7.2 群决策

对于复杂问题的决策，往往涉及目标的多重性、时间的动态性和状态的不确定性，远远超出了个人的决策能力。群决策因其特有的优势受到了管理层的日益重视，也是近年来决策理论研究的热点。在对复杂问题进行群体决策时，由于客观事物的复杂性和人类思维的模糊性，群决策成员往往存在较大的决策差异，如何客观地衡量这些差异是一个难点。

距离测度是衡量群体决策差异常用的工具，在过去几十年内，众多学者对距离测度及其应用进行了研究。而在关于距离测度的研究中，大多数采用的是加权距离测度，包括常用的加权汉明距离测度和加权欧氏距离测度，这些距离测度仅考虑了个体差异的重要性。受耶格尔（Yager，

1988）提出的有序加权平均算子（OWA）思想的启发，徐泽水和陈剑（2008）提出了有序加权距离（OWD）测度。该方法突出了给定的个体距离有效位置的重要性，而非仅考虑加权参数自身，因此，能够对那些过高或过低的属性值分配较低的权重，从而避免决策结果的不合理性。上述距离测度通常用于处理输入信息以确切数值表示而不是变量形式表示的问题，但是，由于客观事物的复杂性，例如，由于时间限制、有限的专业知识等情况下属性值往往以区间数、直觉模糊数或不确定变量等形式给出。

本节提出了区间直觉模糊加权几何距离（IVIFWGD）测度、区间直觉模糊有序加权几何距离（IVIFOWGD）测度和区间直觉模糊混合加权几何距离（IVIFHWGD）测度，三种具有区间直觉模糊信息的加权几何距离测度方法，定义了区间直觉模糊数的运算法则，分析了这些距离测度的性质。基于上述几何距离测度，最后提出了区间直觉模糊信息共识达成一致的群决策方法。[①]

7.2.1 距离测度相关理论

引入有序加权几何（OWG）算子和几种距离测度。

定义1 设 $OWG: R^{+n} \rightarrow R^+$，若：

$$OWG_w(a_1, a_2, \cdots, a_n) = \prod_{j=1}^{n} b_j^{w_j} \qquad (7-14)$$

在式（7-14）中，$w = (w_1, w_2, \cdots, w_n)^T$ 是与 OWG 算子相关联的指数加权向量，R^+ 为正实数集，且 $w_j \in [0, 1]$，$\sum_{j=1}^{n} w_j = 1$，b_j 是数组 $(a_1, a_2, \cdots, a_n)$ 中第 j 个最大的元素，称 OWG 为 n 维有序加权几何算子。

加权汉明（Hamming）距离（WHD）测度和加权欧几里得（Euclide-

---

① Liu C. P., Peng B. A method for group decision making based on interval-valued intuitionistic fuzzy geometric distance measures [J]. Informatica, 2017, 28 (3): 453 –470.

an）距离（WED）测度是两种常用的距离测度，是基于标准汉明距离
（NHD）测度和标准欧几里得距离（NED）测度基础上提出的。对于任意
两个参数集 $A = \{a_1, a_2, \cdots, a_n\}$ 和 $B = \{b_1, b_2, \cdots, b_n\}$，加权几何距
离（WGD）测度定义如下：

定义 2　设 $WGD: R^{+n} \rightarrow R^+$，若：

$$WGD = \left(\prod_{i=1}^{n} (|a_i - b_i|)^{\lambda\omega_i} \right)^{1/\lambda}, \lambda > 0 \qquad (7-15)$$

在式（7-15）中，$\omega = (\omega_1, \omega_2, \cdots, \omega_n)^T$ 为与映射 WGD 相关的

加权向量，满足 $\omega_j \in [0, 1]$，$\sum_{j=1}^{n} \omega_j = 1$，且 a_i 和 b_i 分别为参数集 A 和参

数集 B 的第 i 个参数，R 为实数集，称 WGD 为 n 维加权几何距离测度。

①当 $\lambda = 1$ 时，WGD 测度称为加权汉明（Hamming）几何距离
（WHGD）测度：

$$WHGD(A,B) = \prod_{i=1}^{n} (|a_i - b_i|)^{\omega_i} \qquad (7-16)$$

②当 $\lambda = 2$ 时，WGD 测度称为加权欧几里得几何距离（WEGD）
测度：

$$WEGD(A,B) = \sqrt{\prod_{i=1}^{n} (a_i - b_i)^{2\omega_i}} \qquad (7-17)$$

以上加权几何距离测度仅考虑了参数集中各参数本身的距离，没有
体现出其所在位置的重要性。有文献对上述距离测度进行了改进，即在
OWA 算子思想的基础上，提出有序加权距离（OWD）测度和有序加权几
何距离（OWGD）测度。[①]

定义 3　对于实数集 $A = \{a_1, a_2, \cdots, a_n\}$ 和实数集 $B = \{b_1, b_2, \cdots, b_n\}$，记 a_j 与 b_j 之间的距离为 $d(a_j, b_j) = |a_j - b_j|$，则：

$$OWD(A,B) = \left(\sum_{j=1}^{n} w_j (d(a_{\sigma(j)}, b_{\sigma(j)}))^{\lambda} \right)^{1/\lambda} \qquad (7-18)$$

---

① Xu Z. S., Chen J. Ordered weighted distance measure [J]. Journal of Systems Science and Systems Engineering, 2008, 17 (4): 432-445.

式（7-18）被称为实数集 A 与实数集 B 的有序加权距离测度。其中，$\lambda > 0$，$w = (w_1, w_2, \cdots, w_n)^T$ 为 $a_{\sigma(j)}$ 与 $b_{\sigma(j)}$ 之间距离 $d(a_{\sigma(j)}, b_{\sigma(j)})$ 的权重向量，满足 $w_j \in [0, 1]$，$\sum_{j=1}^{n} w_j = 1$，$(\sigma(1), \sigma(2), \cdots, \sigma(n))$ 为 $(1, 2, \cdots, n)$ 的任意置换，使得：

$$d(a_{\sigma(j-1)}, b_{\sigma(j-1)}) \geq d(a_{\sigma(j)}, b_{\sigma(j)}) \qquad (7-19)$$

当 $\lambda = 1$ 和 $\lambda = 2$ 时，OWD 测度分别称为有序加权汉明距离（OWHD）测度和有序加权欧几里得距离（OWED）测度。

定义 4 对于实数集 $A = \{a_1, a_2, \cdots, a_n\}$ 和实数集 $B = \{b_1, b_2, \cdots, b_n\}$，$a_j$ 与 b_j 之间的距离为 $d(a_j, b_j) = |a_j - b_j|$，则：

$$OWGD(A, B) = \left(\prod_{j=1}^{n} (d(a_{\sigma(j)}, b_{\sigma(j)}))^{\lambda w_j} \right)^{1/\lambda} \qquad (7-20)$$

式（7-20）被称为实数集 A 与实数集 B 的有序加权几何距离（OWGD）测度。其中，$\lambda > 0$，$w = (w_1, w_2, \cdots, w_n)^T$ 为 $a_{\sigma(j)}$ 与 $b_{\sigma(j)}$ 之间距离 $d(a_{\sigma(j)}, b_{\sigma(j)})$ 的权重向量，满足 $w_j \in [0, 1]$，$\sum_{j=1}^{n} w_j = 1$，$(\sigma(1), \sigma(2), \cdots, \sigma(n))$ 为 $(1, 2, \cdots, n)$ 的任意置换。

①当 $\lambda = 1$ 时，OWGD 测度称为有序加权汉明几何距离（OWHGD）测度：

$$OWHGD(A, B) = \prod_{j=1}^{n} (d(a_{\sigma(j)}, b_{\sigma(j)}))^{w_j} \qquad (7-21)$$

②当 $\lambda = 2$ 时，OWGD 测度称为有序加权欧几里得几何距离（OWEGD）测度：

$$OWEGD(A, B) = \sqrt{\prod_{j=1}^{n} (d(a_{\sigma(j)}, b_{\sigma(j)}))^{2w_j}} \qquad (7-22)$$

上述距离测度只适用于所给参数为确切数值时的情形。下面，分析所给参数为区间直觉模糊信息下的几何距离测度。

7.2.2 区间直觉模糊信息下的几何距离测度

由于社会经济环境的复杂性和不确定性，人们在对事物认知的过程中，往往存在不同程度的犹豫或知识缺乏，从而使得认知结果表现为肯定、否定或介于肯定与否定之间的犹豫性。针对这种情况，阿塔纳索夫（Atanassov）对传统的模糊集概念进行了拓展，将单模糊推广为双模糊，提出了直觉模糊集的概念。[①] 由于直觉模糊集同时考虑了隶属度、非隶属度和犹豫度三个方面的信息，因此，在处理模糊性和不确定性等方面更具灵活性和实用性，能够更细腻地描述、刻画客观世界的模糊性本质。20 多年来，有关该理论的研究已受到相关领域学者的广泛关注，并且已被应用到决策、医疗诊断、模式识别和市场预测等诸多领域。随着对直觉模糊集理论研究的不断深入及应用范围的不断扩展，研究有关直觉模糊信息的集成方式、距离测度、直觉不确定信息的决策方法等显得愈加重要。

定义 5　设 $X = \{x_1, x_2, \cdots, x_n\}$ 为一个非空集合。

$$A = \{\langle x, \mu_A(x), \nu_A(x) \rangle \mid x \in X\} \tag{7-23}$$

A 为区间直觉模糊集（IVIFS），其中，$\mu_A(x): X \rightarrow [0, 1]$ 和 $\nu_A(x): X \rightarrow [0, 1]$ 分别为 X 中元素 x 属于 A 的隶属度和非隶属度，满足 $\sup\mu_A(x) + \sup\nu_A(x) \leqslant 1$，$\forall x \in X$。

特别地，如果：

$$\inf\mu_A(x) = \sup\mu_A, \inf\nu_A(x) = \sup\nu_A$$

则区间直觉模糊集（IVIFS）退化为直觉模糊集（IFS）。

为了方便计算，称 $\alpha = ([a, b], [c, d])$ 为区间直觉模糊数（IVIFN），[②③] 其中，

$$[a,b] \in [0,1], [c,d] \in [0,1], b + d \leqslant 1$$

定义 6　设 $\alpha = ([a, b], [c, d])$ 为一个区间直觉模糊数，称：

①　Atanassov K. T. Intuitionistic fuzzy sets [J]. Fuzzy Sets and Systems, 1986, 20 (1)：87 - 96.

②　徐泽水，陈剑. 一种基于区间直觉判断矩阵的群决策方法 [J]. 系统工程理论与实践，2007, 27 (4)：126 - 133.

③　Xu Z. S. A deviation-based approach to intuitionistic fuzzy multiple attribute group decision making [J]. Group Decision and Negotiation, 2010, 19 (1)：57 - 76.

$$S(\alpha) = \frac{1}{2}(a - c + b - d) \quad 为 \alpha 的得分函数，其中，S_\alpha \in [-1, 1];$$

$$(7 - 24)$$

$$H(\alpha) = \frac{1}{2}(a + c + b + d) \quad 为 \alpha 的精确函数，其中，H_\alpha \in [0, 1]。①$$

$$(7 - 25)$$

设 α_1 和 α_2 为任意两个区间直觉模糊数，如果 $S(\alpha_1) < S(\alpha_2)$，则表示 $\alpha_1 < \alpha_2$；如果 $S(\alpha_1) = S(\alpha_2)$，（1）若 $H(\alpha_1) < H(\alpha_2)$，则表示 $\alpha_1 < \alpha_2$；（2）若 $H(\alpha_1) = H(\alpha_2)$，则表示 $\alpha_1 = \alpha_2$。

设 $\alpha = ([a, b], [c, d])$，$\alpha_1 = ([a_1, b_1], [c_1, d_1])$，$\alpha_2 = ([a_2, b_2], [c_2, d_2])$ 是任意的三个区间直觉模糊数，根据区间直接模糊数的概念，② 可以定义其运算规则如下：

① $\alpha_1 \oplus \alpha_2 = ([a_1 + a_2 - a_1 a_2, b_1 + b_2 - b_1 b_2], [c_1 c_2, d_1 d_2])$

② $\lambda\alpha = ([1 - (1 - a)^\lambda, 1 - (1 - b)^\lambda], [c^\lambda, d^\lambda])，\lambda > 0$

③ $\alpha_1 \otimes \alpha_2 = ([a_1 a_2, b_1 b_2], [c_1 + c_2 - c_1 c_2, d_1 + d_2 - d_1 d_2])$

④ $\alpha^\lambda = ([a^\lambda, b^\lambda], [1 - (1 - c)^\lambda, 1 - (1 - d)^\lambda])，\lambda > 0$

显而易见，上述运算结果仍为区间直接模糊数。

定义 7 设 α_1，α_2 为两个区间直觉模糊数，称：

$$d_{IVIFD}(\alpha_1, \alpha_2) = \frac{1}{4}(|a_1 - a_2| + |b_1 - b_2|$$
$$+ |c_1 - c_2| + |d_1 - d_2|) \quad (7 - 26)$$

为 α_1 与 α_2 的区间直觉模糊距离（IVIFD）。③

在区间直觉模糊距离和有序加权几何距离定义的基础上，提出区间

---

① 徐泽水. 区间直觉模糊信息的集成方法及其在决策中的应用 [J]. 控制与决策，2007，22（2）：215 - 219.

② Xu Z. S. A deviation-based approach to intuitionistic fuzzy multiple attribute group decision making [J]. Group Decision and Negotiation，2010，19（1）：57 - 76.

③ Xu Z. S. Models for multiple attribute decision making with intuitionistic fuzzy information [J]. International Journal of Uncertainty，Fuzziness，and Knowledge-Based Systems，2007，15（3）：285 - 297.

直觉模糊信息下的两种加权几何距离测度：区间直觉模糊加权几何距离
（IVIFWGD）测度和区间直觉模糊有序加权几何距离（IVIFOWGD）
测度。

考虑非空集合 $X = \{x_1, x_2, \cdots, x_n\}$ 中的区间直觉模糊集 $A = \{\langle x, \mu_A(x), \nu_A(x) \rangle | x \in X\}$ 和区间直觉模糊集 $B = \{\langle x, \mu_B(x), \nu_B(x) \rangle | x \in X\}$，令 $A(x) = \alpha$，$B(x) = \beta$，则区间直觉模糊集 A 和区间直觉模糊集 B 可分别记为 $A = \{\alpha_1, \alpha_2, \cdots, \alpha_n\}$ 和 $B = \{\beta_1, \beta_2, \cdots, \beta_n\}$。则：

$$d_{IVIFWGD}(A, B) = \left(\prod_{j=1}^{n} (d_{IVIFD}(\alpha_j, \beta_j))^{\lambda \omega_j} \right)^{1/\lambda} \qquad (7-27)$$

为 A 与 B 的区间直觉模糊加权几何距离（IFWGD）测度。

定义 8　对于区间直觉模糊集 $A = \{\alpha_1, \alpha_2, \cdots, \alpha_n\}$ 和区间直觉模糊集 $B = \{\beta_1, \beta_2, \cdots, \beta_n\}$，则：

$$d_{IVIFWGHD}(A, B) = \prod_{j=1}^{n} (d_{IVIFD}(\alpha_j, \beta_j))^{\omega_j} \qquad (7-28)$$

为 A 与 B 的区间直觉模糊加权几何汉明距离（IVIFWGHD）测度。

定义 9　对于区间直觉模糊集 $A = \{\alpha_1, \alpha_2, \cdots, \alpha_n\}$ 和区间直觉模糊集 $B = \{\beta_1, \beta_2, \cdots, \beta_n\}$，称：

$$d_{IVIFWGED}(A, B) = \sqrt{\prod_{j=1}^{n} (d_{IVIFD}(\alpha_j, \beta_j))^{2\omega_j}} \qquad (7-29)$$

为 A 与 B 的区间直觉模糊加权几何欧几里得距离（IFWGED）测度。

在上述两个定义中，$\omega = (\omega_1, \omega_2, \cdots, \omega_n)^T$ 为区间直觉模糊距离测度 $d_{IVIFD}(\alpha_j, \beta_j)$ 的权重向量，满足 $\omega_j \in [0, 1]$，$\sum_{j=1}^{n} \omega_j = 1$。

根据有序加权几何距离测度［式（7-20）］和区间直觉模糊加权几何距离测度［式（7-27）］的定义，可以得到区间直觉模糊有序加权几何距离测度的表达式。

定义 10　对于区间直觉模糊集 $A = (\alpha_1, \alpha_2, \cdots, \alpha_n)$ 和区间直觉模糊集 $B = (\beta_1, \beta_2, \cdots, \beta_n)$，称：

$$d_{\text{IVIFOWGD}}(A,B) = \left(\prod_{j=1}^{n} \left(d_{\text{IVIFD}}(\alpha_{\sigma(j)}, \beta_{\sigma(j)}) \right)^{\lambda w_j} \right)^{1/\lambda} \quad (7-30)$$

式（7-30）为 A 与 B 的区间直觉模糊有序加权几何距离测度。其中，$w = (w_1, w_2, \cdots, w_n)^T$ 为 $\alpha_{\sigma(j)}$ 与 $\beta_{\sigma(j)}$ 之间的距离 $d(\alpha_{\sigma(j)}, \beta_{\sigma(j)})$ 的权重向量，满足 $w_j \in [0, 1]$，$\sum_{j=1}^{n} w_j = 1$，$(\sigma(1), \sigma(2), \cdots, \sigma(n))$ 为 $(1, 2, \cdots, n)$ 的任意置换，使得：

$$d(\alpha_{\sigma(j-1)}, \beta_{\sigma(j-1)}) \geqslant d(\alpha_{\sigma(j)}, \beta_{\sigma(j)})$$

①当 $\lambda = 1$ 时，IVIFOWGD 测度称为区间直觉模糊有序加权几何汉明距离（IVIFOWGHD）测度：

$$d_{\text{IVIFOWGHD}}(A,B) = \prod_{j=1}^{n} \left(d_{\text{IVIFD}}(\alpha_{\sigma(j)}, \beta_{\sigma(j)}) \right)^{w_j} \quad (7-31)$$

②当 $\lambda = 2$ 时，IVIFOWGD 测度称为区间直觉模糊有序加权几何欧几里得距离（IVIFOWGED）测度：

$$d_{\text{IVIFOWGED}}(A,B) = \sqrt{\prod_{j=1}^{n} \left(d_{\text{IVIFD}}(\alpha_{\sigma(j)}, \beta_{\sigma(j)}) \right)^{2w_j}} \quad (7-32)$$

从式（7-27）和式（7-30）可以看出，无论是 IVIFWGD 测度还是 IVIFOWGD 测度，都只能反映所给参数变量的一个方面，即前者反映了所给变量自身的重要性，而后者仅考虑了其所在位置的重要程度。为了克服上述不足，同时对这两个方面进行刻画，提出以下混合距离测度：

定义 11 对于区间直觉模糊集 $A = \{\alpha_1, \alpha_2, \cdots, \alpha_n\}$ 和区间直觉模糊集 $B = \{\beta_1, \beta_2, \cdots, \beta_n\}$，称：

$$d_{\text{IVIFHWGD}}(A,B) = \left(\prod_{j=1}^{n} \left(d_{\text{IVIFD}}(\alpha_{\sigma(j)}, \beta_{\sigma(j)}) \right)^{w_j} \right)^{1/\lambda} \quad (7-33)$$

为区间直觉模糊集 A 与区间直觉模糊集 B 的区间直觉模糊混合加权几何距离（IVIFHWGD）测度。其中，$w = (w_1, w_2, \cdots, w_n)^T$ 为与 IVIFHWGD 测度相关联的权重向量，$d_{\text{IVIFD}}(\alpha_{\sigma(j)}, \beta_{\sigma(j)})$ 为 $d_{\text{IVIFD}}(\alpha_j, \beta_j)$ $(d_{\text{IVIFD}}(\alpha_j, \beta_j) = ((d_{\text{IVIFD}}(\alpha_j, \beta_j))^{\lambda \omega_j})^n$，$j = 1, 2, \cdots, n)$ 中第 j 大的

加权距离，$\omega = (\omega_1, \omega_2, \cdots, \omega_n)^T$ 为 $d_{\text{IVIFD}}(\alpha_j, \beta_j)$ 的权重向量，满足 $\omega_j \in [0, 1]$，$\sum\limits_{j=1}^{n} \omega_j = 1$，$n$ 为平衡系数。

如果分别令 $w = \left(\dfrac{1}{n}, \dfrac{1}{n}, \cdots, \dfrac{1}{n}\right)^T$，$\omega = \left(\dfrac{1}{n}, \dfrac{1}{n}, \cdots, \dfrac{1}{n}\right)^T$，可以得到以下推论：

推论 7 - 1　区间直觉模糊加权几何距离测度与区间直觉模糊有序加权几何距离测度是区间直觉模糊混合加权几何距离测度的特例。区间直觉模糊混合加权几何距离测度是 IVIFWGD 与 IVIFOWGD 两种距离测度的推广，反映了其参数变量本身和所在位置的重要程度。

推论 7 - 2　IVIFHWGD 测度通过混合集结算子对过高（过低）的属性值分配较低（较高）的权重，从而降低个别决策者不公正的主观因素对决策结果的影响。

在三种距离测度中，区间直觉模糊混合加权几何距离测度不仅反映出每个给定参数的重要性，而且考虑了其所在位置的重要性程度。这样，区间直觉模糊混合加权几何距离测度在决策结果中就可以保留偏好信息。

7.2.3　基于 IVIFHWGD 测度达成共识的群决策方法

设 $X = \{x_1, x_2, \cdots, x_n\}$ 为离散的方案集，$d_k \in D(k = 1, 2, \cdots, m)$ 为决策者集合（专家集），其权重为 $u = (u_1, u_2, \cdots, u_m)^T$，满足 $u_k \geqslant 0$，$\sum\limits_{k=1}^{m} u_k = 1$。决策者 $d_k(k = 1, 2, \cdots, m)$ 对方案 $x_j \in X$ 进行评估给出各自的决策，即区间直觉模糊值 $\alpha_{kj}(j = 1, 2, \cdots, n)$。为了计算方便，将决策者 d_k 给出的直觉模糊偏好信息记为：

$$\alpha_k = (\alpha_{k1}, \alpha_{k2}, \cdots, \alpha_{kn}), k = 1, 2, \cdots, m \tag{7-34}$$

根据以上决策信息，下面给出基于 IVIFHWGD 测度的群体共识达成一致的分析过程及决策步骤：

步骤 1 先利用区间直觉模糊加权几何（IVIFWG）算子,[①] 计算群体偏好向量 $\partial = (\partial_1, \partial_2, \cdots, \partial_n)$，得到：

$$\alpha_j = \alpha_{1j}^{u_1^1} \otimes \alpha_{2j}^{u_2^2} \otimes \cdots \otimes \alpha u_{mj}^{u_m}, i = 1, 2, \cdots, m; j = 1, 2, \cdots, n \quad (7-35)$$

步骤 2 由式（7-26）计算决策者 d_k 给出的各偏好值 α_{kj} 与群体偏好值 α_j 之间的区间直觉模糊距离 $d_{IVIFD}(\alpha_{kj}, \alpha_j)$。

步骤 3 利用式（7-33）计算 α_k 与 α 之间的 IVIFHWGD 测度。

$$d_{IVIFHWGD}(\alpha_k, \alpha) = \left(\prod_{j=1}^{n} (d_{IVIFD}(\alpha_{\sigma(kj)}, \alpha_{\sigma(j)}))^{w_j} \right)^{1/\lambda} \quad (7-36)$$

$\omega_j = (\omega_1, \omega_2, \cdots, \omega_n)^T$ 为与 IVIFHWGD 测度相关联的加权向量，可由基于正态分布的方法得出。[②] $d_{IVIFD}(\alpha_{\sigma(kj)}, \alpha_{\sigma(j)})$ 为 $d_{IVIFD}(\alpha_{kj}, \alpha_j)$ $(d_{IVIFD}(\alpha_{kj}, \alpha_j) = ((d_{IVIFD}(\alpha_{kj}, \alpha_j))^{\lambda\omega_j})^n, j = 1, 2, \cdots, n)$ 中第 j 大的加权距离，$\omega = (\omega_1, \omega_2, \cdots, \omega_n)^T$ 为 $d_{IVIFD}(\alpha_{kj}, \alpha_j)$ 的权重向量，满足 $\omega_j \in [0, 1], \sum_{j=1}^{n} \omega_j = 1$。

步骤 4 对群决策中的群体一致性进行讨论：

①对事先设定的群体达到一致性的可接受阈值 ρ，若所有的 $d_{IVIFHWGD}(\alpha_k, \alpha) \leqslant \rho (k = 1, 2, \cdots, m)$，则群体共识达到一致性水平；

②否则，若存在 k_0，使得 $d_{IVIFHWGD}(\alpha_{k_0}, \alpha) > \rho$，则应将 α_{k_0} 与 α 反馈给决策者 d_k，要求其重新对方案进行评估，计算群体偏好值，然后，再重新计算其距离测度，直到 $d_{IVIFHWGD}(\alpha_{k_0}, \alpha) \leqslant \rho$ 或循环次数达到事先规定的最大值（最大循环次数由决策群体事先确定）。

步骤 5 利用得分函数［式（7-24）］、精确函数［式（7-25）］，对决策方案进行排序并选择最优方案。

---

① Xu Z. S. An overview of methods for determining OWA weights [J]. International Journal of Intelligent Systems, 2005, 20 (8): 843-865.

② 徐泽水. 区间直觉模糊信息的集成方法及其在决策中的应用 [J]. 控制与决策, 2007, 22 (2): 215-219.

7.3　再制造企业多目标生产决策研究

在传统的生产决策中，通常只考虑与成本、利润或质量等相关的经济指标，很少关注与环境等相关的能耗指标，钢铁行业作为节能减排的重点行业，在国家的碳减排目标中居于重要地位，废钢铁回收再制造也被各大钢铁企业作为落实工业碳减排的要求纳入企业的生产战略。本节以废钢铁再制造为例，从微观层面探讨再制造企业在考虑多目标情形下的生产决策优化问题。

7.3.1　问题描述与假设

废钢铁再制造是指，将回收的废钢铁经简单加工后作为原料熔炼制造成钢铁产品的过程，包括再加工和再熔炼两个阶段。再加工阶段是根据废钢铁的不同形式、尺寸以及回收用途和质量要求，采用剪切、破碎、分选、清洗、预热等不同处理方式，尽量去除各种废钢中附带的有色金属和非金属杂质，使之成为易于装运和适合炼钢的合格炉料，为再熔炼阶段提供原料。再熔炼阶段是将再加工阶段处理后的废钢铁进行熔炼制造成钢铁产品，主要包括炼钢、连铸、冷轧、热轧、粗轧、精轧、酸洗、精整、退火等工艺流程，整个过程周期长、工序性质差别大。

作为企业，再制造企业需要通过市场竞争来销售产品，获取利润并提高市场竞争力。首先，假设废钢铁再制造企业的主要目标是产品交货期尽可能短，才能够及时响应市场变化，满足客户需求，提高客户满意度。其次，在满足该目标的同时，企业希望生产过程中的碳排放量尽可能小。

根据上述目标，建立相应的多目标生产决策模型。第一个决策目标用各批次废钢铁从再加工到再熔炼成钢铁产品的最小化最大完工时间来表示，简单起见，不考虑从产品下线到最终交货过程中其他环节耗费的时间。

废钢铁再制造生产过程产生的碳排放主要由三部分组成：（1）设备

加工工件产生的碳排放；（2）设备空转产生的碳排放；（3）工件等待加工中产生的碳排放。[①] 其中，第一部分的碳排放量，由于机器加工各工件的时间是确定的，机器加工同批次的工件所产生的碳排放总量是相同的。受钢铁加工工艺流程的约束，不同的生产决策对第二部分和第三部分的碳排放量有不同的影响。经验表明，在制造业，设备空转时所消耗的能源占总能源消耗的比重很大，因此，我们希望在废钢铁加工过程中，设备尽可能不要空转。特别地，当设备全程都被利用，即机器为零空闲的情况下，第二部分的碳排放量为零。同理，我们也希望工件等待设备加工的时间越少越好，特别地，当工件完成全部加工过程中没有在机器中停留、等待，即工件为零等待情况下，第三部分的碳排放量也为零。所以，上述第二个决策目标只需要第二部分、第三部分的碳排放量达到最小，即可满足。在实际生产中，第二部分的碳排放量通常远大于第三部分的碳排放量。

这两个决策目标具有一定的矛盾性。为使第一个目标达到最优，在整个废钢铁加工流程中，工件各工序之间应尽可能衔接，工件停留等待的时间尽量小。受钢铁加工工艺约束，这会增加机器空转时间，从而相应增加碳排放量。为使第二个目标达到最优，需要机器尽量不要空闲，同样由于工艺约束，会增加工件停留等待时间，从而延长完工时间，影响交货时间。

7.3.2 废钢铁再制造企业多目标生产决策模型

根据上述描述和假设，建立具有两个决策目标的废钢铁再制造企业生产决策模型，如式（7-37）所示。

$$\begin{cases} \min\ f_1 = C_{max}^1(\pi) & (1) \\ \min\ f_2 = \eta\{C_{max}^2(\omega)\} & (2) \end{cases} \qquad (7-37)$$

---

① 陈伟达，崔少东. 考虑碳排放的废钢铁再制造多目标调度降维模型及算法 [J]. 系统工程，2015, 33（9）: 101-108.

受约束于以下五个条件。

①机器唯一性约束，即每台机器同时只能加工一个工件；

②工件唯一性约束，即一个工件不能同时在不同的机器上加工；

③加工过程满足不可中断约束；

④工件在各机器上加工顺序相同且时间确定；

⑤机器加工的各工件顺序相同。

模型中决策目标 f_1 为期望交货时间最短，决策目标 f_2 为期望碳排放量最少，η 是二氧化碳排放系数，对于钢铁制造行业通常取 264kg/kWh，①～⑤为需要满足的废钢铁再制造工艺约束条件。

不失一般性，假设各工件按照机器 $1\sim m$ 的顺序进行加工，目标 1 中交货时间 $C^1_{\max}(\pi)$ 按式（7-38）～式（7-39）计算：

$$C(j_1,k) = \sum_{r=1}^{k} t_{j_1,r} \quad k = 1,\cdots,m \qquad (7-38)$$

$$C(j_i,k) = C(j_{i-1},1) + \sum_{r=1}^{k} t_{j_i,r} + \Delta(j_i)$$
$$i = 2,\cdots,n; k = 1,\cdots,m \qquad (7-39)$$

$$\Delta(j_i) = \max_{2 \leq i \leq n}\left\{ \max_{2 \leq k \leq m}\left[C(j_{i-1},k) - C(j_{i-1},1) - \sum_{r=1}^{k-1} t_{j_i,r} \right], 0 \right\} \quad (7-40)$$

$$C^1_{\max}(\pi) = C(j_n,m) \qquad (7-41)$$

在式（7-38）～式（7-41）中，$\{j_i | i=1,\cdots,n\}$ 表示工件集合，$\{k_l | l=1,\cdots,m\}$，表示机器集合，$t_{j_i,k}$ 表示工件 j_i 在机器 k 上的加工时间，$C(j_i,k)$ 表示工件 j_i 在机器 k 上的完工时间。

式（7-38）表示工件 j_1 在机器 k 上的完工时间；式（7-39）表示工件 $j_i(i>1)$ 在机器 k 上的完工时间；式（7-40）是由于机器间的缓冲区受限，工件 j_i 需要等待的时间；式（7-41）中 $C^1_{\max}(\pi)$ 表示加工完 n 个工件的完工时间。可以看出，式（7-38）～式（7-41）是一组递推公式。

同样，假设各工件按照机器 $1\sim m$ 的顺序进行加工，目标 2 中最小碳排放生产决策的完工时间 $C^2_{\max}(\omega)$，按式（7-42）、式（7-43）计算：

$$C_{max}^2(\omega) = C_{j_n,m} = \sum_{k=2}^{m} f_{k-1,k}(j_n) + \sum_{i=1}^{n} t_{j_i,1} \qquad (7-42)$$

$$\Delta_{k-1,k}(j_i) = t_{j_i,k} + \max\{0, \Delta_{k-1,k}(j_{i-1}) - t_{j_i,k-1}\}$$

$$i = 2,3\cdots,n; k = 2,3,\cdots,m \qquad (7-43)$$

式（7-42）、式（7-43）为计算 $C_{max}^2(\omega)$ 的递归方程，$t_{j_i,k}$ 表示工件 j_i 在机器 k 上的加工时间，$C(j_i, k)$ 表示工件 j_i 在机器 k 上的完工时间。$\Delta_{k-1,k}(j_i)$ 表示工件 j_i 在相邻加工机器 k-1 和 k（k = 2，3，…，m）上的完工时间差，特别地，有 $\Delta_{1,2}(j_1) = t_{j_1,2}$。其余符号含义同上。

7.3.3　基于群智能算法的再制造多目标生产决策优化

在一般情况下，对于多目标决策问题，使多个目标同时达到最优的绝对最优解是不存在的，需要根据具体问题的特征采用不同的方法进行处理。废钢铁再制造属于流水作业方式生产过程，式（7-37）建立的两目标废钢铁再制造生产决策模型中，第一个决策目标类似零等待流水车间调度模型；第二个决策目标类似零空闲流水车间调度模型。已证明，3台机器及以上的零等待流水车间调度问题或零空闲流水车间调度都属于多项式复杂程度的非确定性（non-deterministic polynomial，NP）问题，目前尚无具有多项式计算复杂性的全局优化算法。因此，采用磷虾群优化算法，参考文献"求解零等待流水线调度问题的离散磷虾群算法"中的优化策略进行求解。[①]

7.3.3.1　离散磷虾群优化算法设计

传统磷虾群优化算法是针对函数优化领域设计的，个体位置采用连续值矢量编码，在连续空间完成位置更新操作。而本节所优化的多目标生产决策问题属于组合优化问题，需要针对问题的离散性质设计相应的编码方式和位置更新方法。基于磷虾群优化算法的机理，设计了离散磷

---

① 刘长平，简祯富，傅文翰. 求解零等待流水线调度问题的离散磷虾群算法［J］. 系统仿真学报，2020，32（16）：1051-1059.

虾群优化算法来求解多目标生产决策问题。

1. 个体编码方式

在离散磷虾群算法中，磷虾个体直接用基于工序序列的整数编码方式表示，个体 i 的位置矢量 $\{X_i | i = 1, \cdots n\}$ 表示工件 $\{\pi_j | j = 1, \cdots m\}$ 的一种加工排序，从而建立起个体位置与加工序列的映射。这种编码方式简单易行，而且产生的解均为可行解。例如，如果个体位置矢量为 $X_i = [9, 4, 3, 5, 8, 1, 7, 2, 6]$，映射为工件的加工排序则为 $\pi_j = \{j_9, j_4, j_3, j_5, j_8, j_1, j_7, j_2, j_6\}$，从而可以计算磷虾个体位置所对应调度解的适应度。

2. 个体距离计算方式

在函数优化问题的磷虾群算法中，个体之间距离采用欧氏空间距离计算，不适合用在离散磷虾群优化算法中。根据要优化的问题特性，在离散磷虾群优化算法中个体位置矢量采用工件加工序列来表示，不同的位置矢量代表不同的加工排序。因此，在离散磷虾群优化算法中以工件加工排序的差异程度来表征"个体距离"，定义见式（7-44）。

$$d_{ij} = \frac{\sum_{s=1}^{n} |x_{j,s} - x_{i,s}|}{N} \qquad (7-44)$$

在式（7-44）中，$x_{j,s}$、$x_{i,s}$ 分别表示磷虾个体 j 和磷虾个体 i 第 s 维的编码，n 表示工件数，N 是分子项取值上限，按照式（7-45）计算：

$$N = \begin{cases} (n^2 - 1)/2 & n \in 奇数 \\ n^2/2 & n \in 偶数 \end{cases} \qquad (7-45)$$

从式（7-45）可知，$d_{ij} \in [0, 1]$，"个体距离"的大小反映出加工顺序的差异程度，"距离"越远，代表个体之间差异越大。

3. 位置更新策略

个体位置更新是磷虾群优化算法中的核心环节，受虚拟食物位置、邻域内个体、随机扩散运动三部分的综合影响，针对这三部分来设计离散磷虾群优化算法。

第一，虚拟食物的影响。定义磷虾群体的平均适应度作为虚拟食物，通过将个体适应度与虚拟食物比较来进行位置更新，更新策略如式（7 – 46）所示：

$$x_i^{t+1} = \begin{cases} LOX(x_i^t \otimes x_{food}^t) & \text{if } f(i) < f(food) \\ PMX(x_i^t \otimes x^{gbest}) & \text{elseif } f(i) > f(food) \\ MU(x_i^t) & \text{else} \end{cases} \quad (7 – 46)$$

在式（7 – 46）中，$f(i)$，$f(food)$ 分别是磷虾个体 i 和虚拟食物的适应度，t 为当前搜索次数。更新过程为，在第 t + 1 次搜索过程中，比较第 i 个个体和虚拟食物的适应度，如果 $f(i) < f(food)$，将个体位置 x_i^t 与 x_{food}^t 进行线性次序交叉操作（LOX）组成新个体位置 x_i^{t+1}；否则，将个体位置 x_i^t 与当前种群最优个体 x^{gbest} 进行部分映射交叉操作（PMX）以组成新位置 x_i^{t+1}；若均不满足，则对当前个体 x_i^t 进行变异操作（MU）产生新的位置 x_i^{t+1}。其中，线性次序交叉操作能够尽量保留个体间工序的相对位置和相对工序前端的绝对位置，部分映射交叉操作能够在一定程度上满足模式定理使最佳模式得以最大可能保留。

第二，邻域内群体对个体的影响。根据 3.2 节磷虾个体间距离定义来确定邻域范围，通过与邻域内个体适应度的比较来进行位置更新，更新策略如式（7 – 47）所示：

$$x_i^{t+1} = \begin{cases} x_i^t \otimes x_{j \in ngb}^t & \text{if } f(x_i^t \otimes x_{j \in ngb}^t) > f(x_i^t) \\ x_i^t & \text{else} \end{cases} \quad (7 – 47)$$

在式（7 – 47）中，ngb 表示邻域范围，x_j^t 表示第 t 次搜索中邻域范围内个体 j 的空间位置。

更新过程为，在 t + 1 轮搜索过程中，根据用［式（7 – 44）］计算的磷虾个体之间的距离确定邻域范围，选择邻域内个体，个体 x_i^t 分别与邻域内被选择个体 x_j^t 进行交叉操作，选择其中最优个体作为新个体 x_i^{t+1}；如果邻域范围内没有符合条件的磷虾个体，个体 x_i^t 则与群体最优 x^{gbest} 进行交叉操作，形成新的个体。在实际操作中，为缩短搜索时间，可以选择符合条件的部分邻域个体进行交叉操作。其中，交叉操作分别从次序交叉、单位置次序交叉方式中随机选择，并且采用精英保留策略。

第三，随机扩散运动的影响。每次寻优后，选取一定比例性能较差的个体重新初始化来增加群体多样性，使种群保持持续进化能力。

这样，离散磷虾群优化算法的位置更新公式可以用式（7－48）表示。

$$x_i^{t+1} = F(x_i^t) \oplus N(x_i^t) \oplus D(x_i^t) \tag{7－48}$$

7.3.3.2　仿真实验与分析

针对 7.3.2 小节建立的废钢铁再制造多目标生产决策模型，通过仿真实验来验证模型和算法的有效性。假设现有 20 批次的废钢铁等待加工，每一批次的废钢铁需要五道加工工序，加工过程要满足钢铁制造工艺约束，每一批次待加工废钢铁在每道工序的加工时间是确定的，如表 7－1 加工时间矩阵所示，时间单位为分钟。

表 7－1　加工时间矩阵　单位：分钟

工件	1	2	3	4	5
1	59	37	67	39	30
2	89	41	42	59	43
3	18	56	75	95	75
4	65	67	50	57	13
5	1	79	71	78	88
6	49	100	30	76	36
7	99	9	34	44	62
8	35	46	58	26	73
9	8	98	97	20	73
10	39	73	20	55	30
11	60	18	97	61	22
12	71	1	4	88	52
13	76	30	51	77	22
14	30	98	25	43	5
15	77	36	76	16	45
16	5	82	64	13	14
17	98	84	4	34	26
18	79	28	84	69	36
19	38	36	47	86	1
20	69	19	54	83	97

资料来源：笔者根据调查数据整理而得。

多目标离散磷虾群优化算法中的参数值根据实验获取的经验值确定，磷虾群数量 m = 30，邻域内交叉个体比例为 40%，重新初始化个体比例为 5%，最大搜索次数 maxT = 50，算法独立运行 20 次，得出的优化方案，如表 7 - 2 所示。决策目标 f 本质上是时间的函数，为简便起见，表 7 - 2 中碳排放量一列数值未乘以二氧化碳排放系数 η。

表 7 - 2　　　　　　　　　　多目标决策方案

方案	对应加工顺序	交货时间（分钟）	碳排放量（吨）
1	12　19　11　9　6　1　14　2　20　3　5　18　4　15 10　7　8　13　16　17	1 511	1 380
2	12　19　11　9　6　1　7　8　14　2　20　3　5　18　4 15　10　13　16　17	1 515	1 330
3	12　19　11　9　6　15　10　20　3　5　18　4　2　1 16　17　7　8　13　14	1 522	1 326
4	12　19　11　9　6　15　10　20　3　5　18　4　2　8 1　7　16　17　13　14	1 531	1 316
5	12　19　11　9　6　2　20　3　5　18　4　8　15　10 7　16　17　13　1　14	1 535	1 309
6	12　20　3　5　1　9　6　18　4　2　19　16　17　7 8　15　10　13　1　14	1 543	1 302
7	12　20　3　5　18　9　6　2　19　11　16　17　7　8 4　15　10　13　1　14	1 550	1 289

资料来源：笔者根据数据计算而得。

根据仿真结果可以看出，不同的生产决策方案对交货期和碳排放量有不同的影响。在钢铁制造工艺约束下，完工时间和碳排放量呈一定的负相关关系。表 7 - 2 中列出的 7 个生产决策方案是算法找到的部分帕累托（Pareto）解，如图 7 - 1 所示。

7.3.4　基于群决策的优化方案确定

通过智能优化算法得到的多个优化方案是一个帕累托（Pareto）解集，理论上各方案都是等价的，但在现实中再制造企业只能选择一个优

化方案执行，本小节运用 7.2.3 小节提出的"基于 IVIFHWGD 测度达成
共识的群决策方法"，对多个待选方案进行遴选。

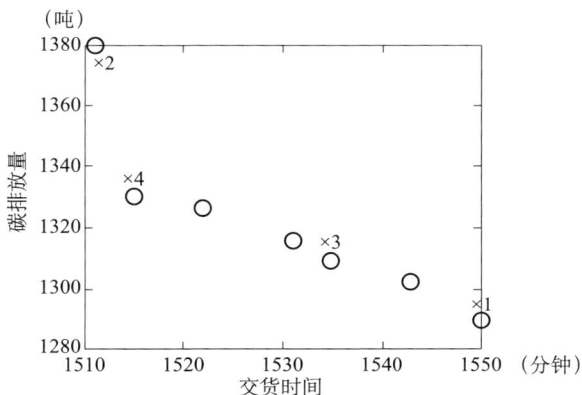

图 7 - 1　两目标再制造生产决策帕累托（Pareto）解

资料来源：笔者根据表 7 - 2 数据绘制。

根据求得的 Pareto 解，管理层从中选出四个候选方案 $x_j \in X(j = 1, 2,$
3，4），如图 7 - 1 所示，根据专业领域邀请三个专家 $d_k \in D(d = 1, 2, 3)$，
权重向量 $u = (0.2, 0.5, 0.3)^T$。设群体达到一致性的可接受阈值
$\rho = 0.100$，每个专家 d_k 根据自身偏好对候选方案 x_j 在各指标下的评估信息经
过统计处理后，可表示为区间直觉模糊数 $\alpha_{kj}(k = 1, 2, 3; j = 1, 2, \cdots, 4)$。
为了计算方便，上述专家 $d_k \in D(k = 1, 2, 3)$ 评估值以向量形式表示为：

$(\alpha_{11}, \alpha_{12}, \alpha_{13}, \alpha_{14})$

$= ((([0.300, 0.400], [0.500, 0.500]), ([0.500, 0.600],$

$[0.200, 0.300]), ([0.300, 0.400], [0.400, 0.500]),$

$([0.500, 0.600], [0.200, 0.200]))$

$(\alpha_{21}, \alpha_{22}, \alpha_{23}, \alpha_{24})$

$= ((([0.400, 0.500], [0.100, 0.200]), ([0.600, 0.700],$

$[0.100, 0.200]), ([0.500, 0.600], [0.200, 0.300]),$

$([0.600, 0.700], [0.100, 0.100]))$

$(\alpha_{31}, \alpha_{32}, \alpha_{33}, \alpha_{34})$

$= ((([0.400, 0.600], [0.200, 0.300]), ([0.400, 0.500],$

$[0.400, 0.500]), ([0.300, 0.400], [0.500, 0.500]),$

$([0.500, 0.600], [0.200, 0.300]))$

根据式 $\alpha_j = \alpha_{1j}^{u_1} \otimes \alpha_{2j}^{u_2} \otimes \alpha_{3j}^{u_3}$，$j = 1$，2，3，4 计算群体偏好向量，可得：

$\alpha = (\alpha_1, \alpha_2, \alpha_3, \alpha_4)$

$= ((([0.380, 0.510], [0.230, 0.300]), ([0.510, 0.610],$

$[0.220, 0.320]), ([0.390, 0.490], [0.340, 0.410]),$

$([0.550, 0.650], [0.150, 0.180]))$

由式（7-26）计算专家 d_k 给出的各个偏好值 α_{kj} 与群体偏好值 α_j 之间的区间直觉模糊距离 $d_{IVIFD}(\alpha_{kj}, \alpha_j)$：

$d_{IVIFD}(\alpha_{11}, \alpha_1) = 0.165, d_{IVIFD}(\alpha_{12}, \alpha_2) = 0.015, d_{IVIFD}(\alpha_{13}, \alpha_3) = 0.083,$

$d_{IVIFD}(\alpha_{14}, \alpha_4) = 0.043, d_{IVIFD}(\alpha_{21}, \alpha_1) = 0.065, d_{IVIFD}(\alpha_{12}, \alpha_2) = 0.105,$

$d_{IVIFD}(\alpha_{23}, \alpha_3) = 0.118, d_{IVIFD}(\alpha_{24}, \alpha_4) = 0.058, d_{IVIFD}(\alpha_{31}, \alpha_1) = 0.035,$

$d_{IVIFD}(\alpha_{32}, \alpha_2) = 0.145, d_{IVIFD}(\alpha_{33}, \alpha_3) = 0.108, d_{IVIFD}(\alpha_{34}, \alpha_4) = 0.068$。

不失一般性，令 $\lambda = 1$ 并设权重向量为 $\omega = (0.200, 0.350, 0.300, 0.150)^T$，与 IVIFHWGD 测度相关联的权重向量为 $w = (0.155, 0.345, 0.345, 0.155)^T$，可由基于正态分布的方法得出。根据式（7-33），计算专家评估值 α_k 与群体评估向量 α 的区间直觉模糊混合加权几何距离测度，可得：

$d_{IVIFHWGD}(\alpha_1, \alpha) = 0.060, d_{IVIFHWGD}(\alpha_2, \alpha) = 0.091, d_{IVIFHWGD}(\alpha_3, \alpha) = 0.081$

可以看出，$d_{IVIFHWGD}(\alpha_k, \alpha) \leqslant \rho = 0.010 (k = 1, 2, 3)$，表明群决策达到了一致性要求。

在群决策过程中，如果不满足一致性，假设存在 k_0 使得 $d_{IVIFHWGD}(\alpha_{k0}, \alpha) > 0.100$，在这种情况下，需要返还区间直觉模糊评价信息 α_{k0} 给专家 d_{k0}，并建议专家 d_{k0} 重新进行评估。

专家对方案进行评估满足一致性要求后，根据区间直觉模糊加权几何算子以及式（7-24）、式（7-25），计算得到：

$$S(\alpha_1) = 0.180, S(\alpha_2) = 0.290, S(\alpha_3) = 0.065, S(\alpha_4) = 0.435$$

对这四个候选方案 $x_j \in X(j = 1, 2, 3, 4)$ 进行排序，得出 $x_4 > x_2 > x_1 > x_3$。因此，在四个候选方案中，最佳选择为 x_4 对应的方案。

根据上述求解多目标生产决策问题的流程，归纳出"智能优化算法 + 群决策"的框架，可以在进行类似决策时使用。首先，根据问题性质设计群体智能优化算法对多目标生产决策模型进行优化求解，得到 Pareto 解集，即系列决策方案；从中挑选若干个决策方案，再应用"基于 IVIFH-WGD 测度达成共识的群决策方法"对待选方案进行抉择，得出最终方案供决策层执行。

7.4　本章小结

现实中的生产决策问题大多属于多目标决策问题，决策方案的优劣由多个目标准则来衡量。由于现实条件的约束，通常无法满足多个目标同时取得最优，而且对于多目标生产决策问题，传统优化方法很难求解。

本章针对多目标再制造生产决策问题分析如下。

首先，阐述了群智能优化算法的特点，对三种新兴的仿生群智能算法：蝙蝠优化算法、磷虾群优化算法和樽海鞘群优化算法的仿生原理、数学模型、优化机理进行了分析。

其次，对多目标决策需要用到的群决策理论进行了研究，提出了区间直觉模糊加权几何距离测度、区间直觉模糊有序加权几何距离测度和区间直觉模糊混合加权几何距离测度三种具有区间直觉模糊信息的加权几何距离测度方法，定义了区间直觉模糊数的运算法则，分析了这些距离测度的性质。基于上述几何距离测度，提出了区间直觉模糊信息共识达成一致的群决策方法。

最后，以废钢铁再制造为例，建立了具有两个目标的废钢铁再制造企业生产决策模型，根据问题的 NP 难特性，设计了离散磷虾群算法对多目标再制造生产决策模型进行优化，并用具体实例进行了仿真实验，得到了一组 Pareto 解。在此基础上，运用"基于 IVIFHWGD 测度共识达成一致的群决策方法"对多个待选方案进行遴选，得出最终方案为管理层参考。上述求解多目标生产决策问题的流程也可以拓展到其他相关领域进行多目标决策。

参考文献

［1］程海涛．作业成本法的特点及应用分析［J］．中小企业管理与科技，2012（2）：80－81．

［2］陈龙．低碳约束下企业生产决策研究［D］．太原：太原科技大学，2015．

［3］陈荣秋，马士华．生产运作管理（第三版）［M］．北京：机械工业出版社，2011：356．

［4］陈涛，王梦馨，黄湘松．基于樽海鞘群算法的无源时差定位［J］．电子与信息学报，2018，40（7）：1591－1597．

［5］陈伟达，毕兴明．考虑碳税和资金约束制造/再制造生产决策研究［J］．工业工程，2017，20（5）：1－8．

［6］陈伟达，崔少东．考虑碳排放的废钢铁再制造多目标调度降维模型及算法［J］．系统工程，2015，33（9）：101－108．

［7］陈伟达，李雅光．再制造生产率和市场需求不确定情况下考虑资金时间价值的制造/再制造生产决策优化［J］．工业工程与管理，2017，22（1）：73－81．

［8］常香云，王艺璇，朱慧赟等．集成碳排放约束的企业制造/再制造生产决策［J］．系统工程，2014，32（2）：49－56．

［9］常香云，朱慧赟．碳排放约束下企业制造/再制造生产决策研究［J］．科技进步与对策，2012，29（11）：75－78．

［10］财政部注册会计师考试委员会．财务成本管理［M］．北京：经济科学出版社，2019．

［11］［德］罗尔夫·施泰因希尔佩．再制造——再循环的最佳形式

［M］．北京：国防工业出版社，2006．

［12］杜少甫，董骏峰，梁樑，等．考虑排放许可与交易的生产优化［J］．中国管理学，2009，17（3）：81 – 86．

［13］杜勇．财务管理（第5版）［M］．北京：清华大学出版社，2019．

［14］冯俊华．企业管理概论［M］．北京：化学工业出版社，2006．

［15］付佩思，陈蕾．作业成本计算在企业运行中的现实性［J］．现代审计与会计，2006（5）：34．

［16］范体军，陈荣秋．绿色再制造运作模式分析［J］．管理学报，2005，2（5）：564．

［17］盖黎．作业成本管理思想在成本核算中的运用［J］．江汉石油职工大学学报，2007，20（3）：57 – 59．

［18］郭敏捷．基于作业流程的标准成本法在制造业中的应用研究［D］．上海：华东理工大学，2014．

［19］环境规划院．环境经济政策年度报告2017［EB/OL］．http：//www.tanjiaoyi.com/article-24353-1.html.

［20］何玉，唐清亮，王开田．碳信息披露、碳业绩与资本成本［J］．会计研究，2014（1）：79 – 86．

［21］克里斯·布希，黑尔·哈维．碳配额委托拍卖：一种在加州碳市场采用的结合免费分配和拍卖分配要素的混合配额分配方式［EB/OL］．http：//www.tanjiaoyi.com/article-24328-1.html.

［22］刘碧玉，陈伟达，杨海东．基于REVD考虑碳排放的零部件再制造决策［J］．管理科学学报，2016，19（10）：48 – 60，86．

［23］刘长平，简祯富，傅文翰．求解零等待流水线调度问题的离散磷虾群算法［J］．系统仿真学报，2020，32（6）：1051 – 1059．

［24］刘长平，叶春明．具有混沌搜索策略的蝙蝠优化算法及性能仿真［J］．系统仿真学报，2013，25（6）：1183 – 1188，1195．

［25］刘长平，叶春明．具有Lévy飞行特征的蝙蝠算法［J］．智能系统学报，2013，8（3）：240 – 246．

［26］刘飞．绿色制造的理论与技术［M］．北京：科学出版社，2005．

［27］李洪瑞．LA 公司矿山移动设备再制造中心发展战略研究［D］．北京：首都经济贸易大学，2016．

［28］李来儿．成本会计（第二版）［M］．成都：西南财经大学出版社，2018：248－251．

［29］鲁丽萍，石友蓉．共生视角下企业碳财务战略体系的构建［J］．财会月刊（上），2017（10）：20－24．

［30］刘鸣．再制造行业实际成本法的运用［J］．财会学习，2016（20）：84．

［31］李秀玉，史亚雅．碳信息披露：文献综述及未来展望［J］．财会通讯，2017（6）：117－120．

［32］梁玉．我国机电产品再制造现状与发展趋势［J］．机电工程技术，2009，38（3）：60－61，97．

［33］李艳芳．不同持有目的下碳会计计量模式的选择探析［J］．财务与金融，2019（4）：42－47．

［34］李翼翔．作业成本法的特点及应用效果与研究［J］．中国城市经济，2011（10）：356，358．

［35］李占国．基础会计学（第三版）［M］．北京：高等教育出版社，2017：10．

［36］鲁政委，汤维祺．碳资产管理：起源、模式与发展［J］．金融市场研究，2016（12）：29－42．

［37］彭韶兵．财务管理概论［M］．北京：高等教育出版社，2011：34．

［38］秦勇．管理学理论、方法与实践［M］．北京：清华大学出版社，2013．

［39］戚远航，蔡延光，蔡颢．带时间窗的车辆路径问题的离散蝙蝠算法［J］．电子学报，2018，46（3）：672－679．

[40] 任杰，何平，刘志等. 限额与交易机制下考虑产能约束的企业生产和碳交易决策 [J]. 系统工程，2016，34 (7)：47-52.

[41] 申成然，熊中楷. 碳排放约束下制造商再制造决策研究 [J]. 系统工程学报，2014，29 (4)：537-549.

[42] 上官敬芝. 财务管理学（第二版）[M]. 北京：高考教育出版社，2015：121.

[43] 唐晓彬，张瑞，刘立新. 基于蝙蝠算法 SVR 模型的北京市二手房价预测研究 [J]. 统计研究，2018，35 (11)：71-81.

[44] 王梦秋，王艳，纪志成. 基于改进樽海鞘群算法的 PMSM 多参数辨识 [J]. 系统仿真学报，2018，30 (11)：4284-4291，4297.

[45] 王枭涵，丁文静，赖学方. 基于蝙蝠优化算法的水资源配置 [J]. 西安工程大学学报，2016，30 (2)：268-275.

[46] 王学文. 工程导论 [M]. 北京：电子工业出版社，2012.

[47] 王永健，陈伟达. 考虑资金约束的再制造企业生产与融资综合决策研究 [J]. 管理工程学报，2017，31 (4)：140-146.

[48] 王永健，陈伟达. 不同融资方式下再制造企业生产和融资综合决策 [J]. 系统工程，2017，35 (8)：100-105.

[49] 徐滨士，董世运，朱胜等. 再制造成型技术发展及展望 [J]. 机械工程学报，2012，48 (15)：96-104.

[50] 徐滨士，张伟，马世宁等. 面向 21 世纪的绿色再制造 [J]. 中国表面工程，1999 (4)：1-4.

[51] 徐滨士，张伟，马世宁等. 再制造工程——绿色系统工程 [J]. 中国设备管理，2000 (1)：50-52.

[52] 新华网. 中国特色社会主义进入新时代是我国发展新的历史方位 [EB/OL]. http：//www.xinhuanet.com//politics/19cpcnc/2017-10/18/c_1121819978.htm.

[53] 徐华，张庭. 混合离散蝙蝠算法求解多目标柔性作业车间调度 [J]. 机械工程学报，2016，52 (18)：201-212.

［54］徐娟，马海莲．再制造产业的投融资机制研究［J］．东方企业文化，2011（2）：260.

［55］许民利，尹浩，简惠云．考虑支付意愿差异及再制造商风险规避的再制造决策——基于不同专利保护及碳配额交易［J］．科技管理研究，2018（1）：216 - 222.

［56］徐泽水．区间直觉模糊信息的集成方法及其在决策中的应用［J］．控制与决策，2007，22（2）：215 - 219.

［57］徐泽水，陈剑．一种基于区间直觉判断矩阵的群决策方法［J］．系统工程理论与实践，2007，27（4）：126 - 133.

［58］杨博，钟林恩，朱德娜等．部分遮蔽下改进樽海鞘群算法的光伏系统最大功率跟踪［J］．控制理论与应用，2019，36（3）：339 - 352.

［59］阳成虎，刘海波，卞珊珊．再制造系统中废旧产品回收策略［J］．计算机集成制造系统，2012，18（4）：875 - 880.

［60］杨鉴．基于碳排放交易政策的企业生产决策研究［D］．上海：华东理工大学，2012，20 - 21.

［61］杨璐，吴杨，唐勇军等．公司治理特征与碳信息披露——基于2012—2014年A股上市公司的经验证据［J］．财会通讯，2017（3）：20 - 25.

［62］佚名．什么是碳资产管理［J］．能源与环境，2016（1）：104.

［63］杨少华．基于环境（火用）经济学策略的清洁过程系统优化研究［D］．广州：华南理工大学，2000.

［64］姚远远，叶春明．考虑节能的改进多目标樽海鞘群算法TFT-LCD面板阵列制程调度问题［J］．中国机械工程，2019，30（24）：2994 - 3003.

［65］袁中华．浅议作业成本法在制造业中的应用［J］．农村经济与科技，2019，30（2）：168 - 169.

［66］中国标准化研究院．中国再制造产业标准体系及评价标准［EB/OL］．https：//www.sohu.com/a/110546679_200899.

［67］中国工程机械工业协会．2017年中国工程机械主要设备保有量［EB/OL］．http：//www.chinamae.com/shownews_120640_17.html.

［68］中国经济学人．当前工业经济运行分析与展望［EB/OL］．http://www.sohu.com/a/249553865_673573.

［69］中国循环经济协会．一文看懂"再制造"产业［J］．表面工程与再制造，2018，18（1）：15－18.

［70］张彩平．碳资产管理相关理论与实践问题研究［J］．财务与金融，2015（3）：64－68.

［71］张达敏，陈忠云，辛梓芸等．基于疯狂自适应的樽海鞘群算法［J/OL］．控制与决策，https：//doi.org/10.13195/j.kzyjc.2019.0012.

［72］张焕勇，李宇航和韩云霞．碳限额与交易机制下企业再制造生产决策研究［J］．软科学，2018，32（6）：87－91.

［73］周济．智能制造——"中国制造2025"的主攻方向［J］．中国机械工程，2015，26（17）：2273－2284.

［74］张晶．低碳约束下碳信息披露、碳绩效对财务绩效的影响研究［D］．镇江：江苏大学，2017.

［75］张靖江．考虑排放许可与交易的排放依赖型生产运作优化［D］．合肥：中国科学技术大学，2010.

［76］张琦，李文惠，王洪成．碳交易环境下企业再制造集成物流网络优化设计［J］．中国地质大学学报（社会科学版），2014，14（5）：45－53.

［77］朱慧赟，常香云，夏海洋等．碳限额与交易约束下的企业制造/再制造生产决策［J］．系统管理学报，2015，24（5）：737－747.

［78］周颖，韩立华．碳政策约束对企业生产和减排决策的影响研究［J］．生态经济（中文版），2015，31（6）：70－74.

［79］朱慧赟．碳排放政策下企业制造/再制造生产决策研究［D］．上海：华东理工大学，2013.

［80］周文波，陈燕．论我国碳排放权交易市场的现状、问题与对策［J］．江西财经大学学报，2011（3）：12－17.

［81］朱文婷．星火数控机床再制造项目商业计划书［D］．兰州：兰州大学，2015.

［82］ 张伟，徐滨士，张纡等．再制造研究应用现状及发展策略 ［J］．装甲兵工程学院学报，2009，23（5）：1－5，47．

［83］ 张旭刚，敖秀奕，江志刚．基于作业成本法的机床再制造成本分析 ［J］．制造技术与机床，2018（7）：25－28．

［84］ 张旭刚，孔勇，江志刚等．C6132A1 机床再制造实践 ［J］．制造技术与机床，2015（12）：36－40．

［85］ 曾敏刚．过程工业企业再生产投资决策的研究 ［D］．广州：华南理工大学，2002．

［86］ 张绪美．基于生态足迹的绿色制造系统集成及运行研究 ［D］．武汉：武汉科技大学，2016．

［87］ Amar Ramudhin，Amin Chaabane and Marc Paquet. Carbon market sensitive sustainable supply chain network design ［J］．International Journal of Management Science and Engineering Management，2010，5（1）：30－38．

［88］ Atanassov K. T. Intuitionistic fuzzy sets ［J］．Fuzzy Sets and Systems，1986，20（1）：87－96．

［89］ Barretoa L. Emissions trading and technology deployment in an energy – systems "bottom-up" model with technology learning ［J］．European Journal of Operational Research，2004，158（1）：243－261．

［90］ Benjaafar S. ，Li Y. and Daskin M. Carbon footprint and the management of supply chains：insights from simple models ［J］．IEEE Transactions on Automation Science & Engineering，2013，10（1）：99－116．

［91］ Chaabane A. ，Ramudhin A. and Paquet M. Design of sustainable supply chains under the emission trading scheme ［J］．International Journal of Production Economics，2012，135：37－49．

［92］ Commission on Engineering and Technical Systems National Research Council. The US department of energy office of industrial technologies remanufacturing vision statement ［M］．Washington D. C. ：National Academy Press，1996．

［93］ Gandomi A. H. , Alavi A. H. Krill Herd：A new bio－inspired optimization algorithm ［J］. Communications in Nonlinear Science and Numerical Simulation, 2012, 17（12）：4831－4845.

［94］ J. A. Simmons, M. B. Fenton and M. J. O'Farrell. Echolocation and pursuit of prey by bats ［J］. Science, 1979, 203（4375）：16－21.

［95］ Liu C. P. , Peng, B. A method for group decision making based on interval－valued intuitionistic fuzzy geometric distance measures ［J］. Informatica, 2017, 28（3）：453－470.

［96］ Li Y. Q. , Eddie Ian and Liu J. H. Carbon emissions and the cost of capital：australian evidence ［J］. Review of Accounting & Finance, 2014, 13（4）：400－420.

［97］ Liu P. D. Some geometric aggregation operators based on interval intuitionistic uncertain linguistic variables and their application to group decision making ［J］. Applied Mathematical Modelling, 2013, 37（4）：2430－2444.

［98］ Mirjalili S. , Gandomi A. H. Salp swarm algorithm：a bio-inspired optimizer for engineering design problems ［J］. Advances in Engineering Software, 2017, 114：163－191.

［99］ National Research Council（U. S. ）. Board on manufacturing and engineering design Committee on visionary manufacturing challenges. Visionary manufacturing challenges for 2020 ［M］. Washington D. C. ：National Academy Press, 1998.

［100］ Orlov A. , Grethe H. and Mcdonald S. Carbom taxatiom in Russia：prospects for a double dividend and improved energy efficiency ［J］. Energy Economics, 2013, 37（1）：128－140.

［101］ Paksoy T. , Bektas T. and Ozceylan E. Operational and environmental performance measures in a multi-product closed-loop supply chain ［J］. Transportation Research Part E, 2011, 47（4）：532－546.

［102］ Richardson A. J. , Welker M. Social disclosure, financial disclosure and the cost of equity capital [J]. Accounting Organizations & Society, 2001, 26 (7): 597 −616.

[103] Rogge K. Reviewing the evidence on the innovation impact of the EU emission trading system [J]. Ecological Economics, 2016, 70 (3): 513 −523.

[104] Wei G. W. Some induced geometric aggregation operators with intuitionistic fuzzy information and their application to group decision making [J]. Applied Soft Computing, 2010, 10 (2): 423 −431.

[105] Wendner R. An applied dynamic general equilibrium model of environmental tax reforms and pension policy [J]. Journal of Policy Modeling, 2001, 23 (1): 25 −50.

[106] Wissema W. , Dellink R. Age analysis of the impact of a carbon energy tax on the Irish economy [J]. Ecological Economics, 2007, 64 (4): 671 −683.

[107] Xu Z. S. An overview of methods for determining OWA weights [J]. International Journal of Intelligent Systems, 2005, 20 (8): 843 −865.

[108] Xu Z. S. Models for multiple attribute decision making with intuitionistic fuzzy information [J]. International Journal of Uncertainty, Fuzziness, and Knowledge-Based Systems, 2007, 15 (3): 285 −297.

[109] Xu Z. S. A deviation-based approach to intuitionistic fuzzy multiple attribute group decision making [J]. Group Decision and Negotiation, 2010, 19 (1): 57 −76.

[110] Xu Z. S. , Chen J. Ordered weighted distance measure [J]. Journal of Systems Science and Systems Engineering, 2008, 17 (4): 432 −445.

[111] Xu B. S. , Zhang W. and Liu S. C. et al. Remanufacturing technology in 21st century [C]. Proceedings of the 15th European Maintenance Conference, 2000: 335 −339.

[112] Yager R. R. On ordered weighted averaging aggregation operators in

multi-criteria decision making ［J］. IEEE Transactions on Systems, Man, and Cybernetics, 1988, 18 (1): 183 – 190.

［113］Zakeri A. , Dehghanian F and Fahimnia B. et al. Carbon pricing versus emissions trading: a supply chain planning perspective ［J］. International Journal of Production Economics, 2015, 164: 197 – 205.